地域ガバナンスシステム・シリーズ

対話と議論で〈つなぎ・ひきだす〉ファシリテート能力育成ハンドブック

土山 希美枝
村田 和代
深尾 昌峰
共著

公人の友社

もくじ

はじめに …………………………………………………………………… 3

1章　〈つなぎ・ひきだす〉って何？ ………………………………… 5
　　●ファシリテーターさんに6つの質問！　野池雅人さん ………… 24

2章　議論のプロセスをファシリテートする ………………………… 27
　　●ファシリテーターさんに6つの質問！　内田香奈さん ………… 42

3章　対話と議論で〈つなぎ・ひきだす〉
　　　　～ファシリテート能力育成プログラム ……………………… 45

4章　ファシリテート能力育成プログラムの
　　　　　効果と限界 ……………………………………………… 73
　　●ファシリテーターさんに6つの質問！　田口美紀さん ………… 80

5章　協働型ディスカッションのファシリテーターとは
　　　　～ことばの機能とラポールの構築 …………………………… 83

参考文献 ………………………………………………………………… 107

おわりに ………………………………………………………………… 109

はじめに

　このブックレットでは、「ファシリテーター」という役割に焦点を当てながら、対話や議論を実りあるものにするための理念と技法を学び（1章、2章）、その力をつけるために開発され、高い評価を得ている研修プログラムを紹介し（3章、4章）、それを通じて〈つなぎ・ひきだす〉ファシリテートとは何か（5章）が理解されることを目的としています。

　対話・議論はなぜ重要なのか。それは単に、対話や議論が「よいこと」であるからなのではありません。私たちの社会、とくに地域政策に「必要」であるからです。地域政策、またそのカタマリであるまちづくりに「あらかじめ分かっている正解」はありません。政策は常に「現在ある課題を乗り越えて未来をつくる」ための手段です。未来が誰にも分からない以上、どの政策をとれば「正解」なのかは今の私たちには分かりません。私たちが見つけられるのは、「他の案より効果がありそうだと思える案」「やってみようと思える案」でしかありません。しかも、地域や社会の課題を共有する「私たち」は、実は、さまざまな個性や違う考えかたを持つ、ときには利害や立場が異なるひとびとの集まりです。だから、課題をめぐって、知識や知恵を出しあい、さまざまな視角から検討する、対話・議論が必要なのです。

　私たちの社会は、そうした対話・議論に誰もが習熟しているとは言えません。むしろ、本音の対話や議論を「和を乱す」「空気を読まない」として避ける傾向さえあると言えます。ですが、私たちは、暮らしをめぐって起こり続けるさまざまな社会の課題を、自分たちで乗り越えていかねばなりません。これまで対話や議論に習熟してこなかったからこそ、今、意識的にその場を活かし、その力をつけていくことが求められているのです。

しかも、対話・議論は「必要」なだけではありません。それは、さまざまな知恵や視角や発想を持つひとびとが集まって、刺激しあいながら未来を構想する作業です。「正解」があるという前提に立てば、議論は「間違い」を指摘しあう作業ですが、「正解」がないという前提に立てば、議論は「私たちなりの答えを創造していく」という「楽しさ」に溢れているのです。もちろん、厳しい利害や考えかたの対立のある議論もあるでしょう。ですが、互いの内面や持っているものを出しあっての対話・議論は、本来、共感と発見という喜びのある作業なのです。

　いま、地域政策や公共政策は、こうした対話・議論を通じて相手とつながり、理解や共感をひきだしながら実践を生みだしていくことがめざされます。私たちは、このような能力や素養やふるまいを〈つなぎ・ひきだす〉力と名づけました。

　そして、こうした対話・議論をしやすくする存在が「ファシリテーター」です。近年ますます注目されているこの存在が、いったいどのようなものなのか、なぜ、どのように〈つなぎ・ひきだす〉対話・議論を進めていけるのか。このブックレットでは、その理念と技法、習得のしかた、それが意味するところを丁寧に説明していくことにしています。

　この本を手に取ったあなたが、日々の語らいの機会を実りあるものとし、あなたの周りのひとびとと〈つなぎ・ひきだす〉必要と楽しさを感じることができることを願い、それが「つながりやすくひきだしやすい」社会に変わっていく力となることを信じて、ブックレットをお届けします。

土山希美枝

村田　和代

深尾　昌峰

1章　〈つなぎ・ひきだす〉って何？

　この章では、〈つなぎ・ひきだす〉という、本書を通じて使う概念について、それが何なのか、今日の社会になぜ必要なのかを解説します。また、対話・議論による〈つなぎ・ひきだす〉が、協働、熟議民主主義、社会関係資本、地域公共人材といったものとどう関わっているかを説明し、本書の背景にある「めざされる社会の姿」を描きます。

1章 〈つなぎ・ひきだす〉って何？

(1) このブックレットの趣旨

　このブックレットは、私たちと私たちでつくる社会に〈つなぎ・ひきだす〉こととそのチカラが必要とされてきていることをお伝えし、そして、そのチカラを伸ばすため開発された研修プログラムを紹介することを目的としています。

　私たちはばらばらの個人です。ですが、地域や社会という「個人が集まってできているところ」で、個人では解決できない課題を共有しています。その課題の解決をめざして、ひとびとがいろいろな形でつながり、つながることで力をひきだしていく、そんな〈つなぎ・ひきだす〉豊かな力が重要ではないでしょうか。

　〈つなぎ・ひきだす〉とは耳慣れない言葉だと思います。ですが、それが指すものは、市民、社会、自治体や国の活動をめぐってよく言われていることと深くつながっています。「新しい公共」「協働」「NPO・市民活動」「熟議民主主義」…これらの言葉を耳にしたことがあるかたには、「ああ、そういうことか」と感じていただけるよう、また耳にしたことがないかたにも「なるほど」と思っていただけるよう、〈つなぎ・ひきだす〉ということとその力について解説します。

　また、〈つなぎ・ひきだす〉力は「ひと」に宿ります。どうしたらその力を伸ばし、活用することができるのか、その手法として開発された研修の方法も紹介します。

　〈つなぎ・ひきだす〉という用語は、8年間にわたる龍谷大学地域人材・公共政策開発システムオープン・リサーチ・センター（LORC）の研究から生まれてきました。その用語の背景には、「地域公共人材」という、やはり同センターがつくり、近年使われるようになってきた用語とその考えかたがあります[1]（土山［2008］、白石他［2011］）[2]。

　私たちが多様なひとびとと共有する社会にとって、これらの考えかたがな

ぜ重要なのか、本章ではまず〈つなぎ・ひきだす〉とは何か、地域公共人材という視角についてもあわせて説明しましょう。

(2) それは、〈つなぎ・ひきだす〉ということ

●ばらばらの私たちがみんなで共有するシクミ

　私たちはそれぞればらばらの個人です。ものの考えかた、行動のしかた、立場、利害はそれぞれ異なります。

　一方、私たちの暮らしは、自分だけではない誰かと共有するさまざまなシクミの上になりたっています。

　たとえば、ゴミのことを考えてみましょう。あなたは、日常、ゴミをどう処理しているでしょうか。ゴミ回収している自治体のルールに沿って出す。町内会や小学校が資源ゴミを回収しているのでその分はとりわける。ゴミ回収業者に渡す。ペットボトルのキャップだけ回収しているボランティア団体があるのでそれは別にする。生ゴミは市の助成があったコンポストで処理して家庭菜園の肥料に。牛乳パックや食品トレイを回収しているスーパーが近くにあればそこへ。コーヒー店のテイクアウトはマイボトルに入れてもらう。あるいは、まったくなにも気にせずゴミを出す。あなたのゴミ処理は、ほとんどすべて、誰かがつくったシクミを使っているのではないでしょうか？

1　LORCは、2003年度から2007年度に文部科学省オープンリサーチセンター整備事業、また2008年度から2010年度にその継続事業である私立大学戦略的研究基盤形成支援事業の補助を受けて研究を進めました。「地域公共人材」とは、その研究のなかで定位された人材層で、職業やセクターの違いにとらわれず、むしろ「セクターを超えた関係性を構築し」(白石他[2011] 7)政策過程を進めていくことができる、あるいは進めていこうとする政策の担い手であり、そのために対議や議論を通じてつながりを持って活動することの重要性を知り、それに共感するひとびとと言えます。地域公共人材はエリートではなく、潜在的には市民そのものと言えます(土山他[2008]第1章)。

2　巻末の参考文献リストをご覧下さい。(作者[発行年]当該箇所)と表記しています。本書では以下同様に文献等を示します。

1章 〈つなぎ・ひきだす〉って何？

●ゴミの捨てかたで見える「私」の政策

　ゴミをめぐる行動ほど、個人個人が身の回りにある多様なシクミを使って自分なりに組み立てているものはないかもしれません。そして、それらの行動の背景には、ゴミ問題という社会で共有されている課題に「自分はどう考え、行動する（あるいは、しない）か」という「方向や方針」＝ポリシーつまり「政策」が、たとえ意識していなくても、あるのです。また、自治体のゴミ回収、コーヒー店のマイボトル利用サービス、地域での資源ゴミ回収といったさまざまなシクミには、それぞれそのシクミを作ったひとの目的・目標があって、そのための手段として作られています。

　「ゴミをどう捨てるか」という日常の行動について、こうやって考えると、国や自治体という政府、企業、市民の活動によって生まれた「シクミ」を使って私たちそれぞれが自分で組みたてていることが分かります。

●「政策・制度のネットワーク」の上で営む暮らし

　実は、ゴミ処理に限らず、私たちは自分たちの暮らしを、さまざまな「シクミ」を使って成り立たせています。電気や水道、道路といったインフラはもちろんですが、環境問題、子育て、介護、雇用…自分ではない誰かと共有する課題に、みんなで共有する「シクミ」を使って対応しながら生きている。それが、私たちの暮らしです。

　ですが、その「シクミ」をどう使うかは、ゴミの捨てかたなら自分のゴミについての意識のありかた、いいかえれば自分自身のポリシーの持ちかたで変わってきます。同じ地域、あるいは家族であっても、「ゴミの捨てかた」、つまりどのシクミをどう使うかはそれぞれ違うということがありえます。

　また、「シクミ」を作るほうにも、そのシクミの「作りかた」には意図や方針つまりポリシー＝政策があります。ある問題について、たとえばゴミ問題なら、ゴミ問題対策をリサイクル重視でするか、減量重視なのかで作るシクミは変わってきます。効果的なシクミも効果的でないシクミもありえます。

[図: 市民、団体・企業の自由な活動領域／一緒にやる or 役割分担するといい領域／自治体や国に責任もって代行してもらう領域 ←政策・制度のネットワーク→]

(BB-Wave http://bb-wave.biglobe.ne.jp/ フリー素材を使用)

図表1-1　私たちと「政策・制度のネットワーク」

　さらに言えば、まわりにある「シクミ」が自分にとって納得できなかったり問題があったりした場合、自分や自分たちなりの方針にあったシクミに変えよう、作ろうと考え、行動するかもしれません。もっと言えば、自分だけのものではない課題に直面したとき、その解決のために何かシクミを作る必要に迫られるかもしれません。多くの市民活動はそんなふうに始まっています。

　このように、私たちはポリシー＝方針・政策を背景に持った数々のシクミを共有しながら生きています。これらのシクミはからみあって、私たちの暮らしの基盤にあります。これを、「政策・制度のネットワーク」と呼ぶこととします。図表1-1で、その様子を示してみました。ポリシーは日本語でいうと方針、政策。政策というと日常から遠い用語のようですが、「こういう状態をめざして（こういう方針で）こうする」という、日常で行っていることなのです。

1章 〈つなぎ・ひきだす〉って何?

●社会と政策と私たち
　さて、こんなふうに私たちと社会のつながりを考えてみると、以下のように整理できます。

- 私たちは、考えかた、立場、利害、関心の異なる多様な個人である
- 私たちの暮らしは、市民や企業や団体、国・自治体といった政府などが作るさまざまなシクミを使いながら成り立っている
- 私たちの暮らしの基盤には多様なシクミのカタマリである「政策・制度のネットワーク」がある

　こう見ると、基盤だからこそ「政策・制度のネットワーク」がどんな状態にあるかが私たちの暮らしにとってとても重要だということが分かります。私たちの暮らし、そしてそれが展開される私たちの社会（公共空間）には、共有されている課題がたくさんあります。その課題は、「政策・制度のネットワーク」に新たなシクミを入れたり、既存のシクミを変えたりして対応していく必要があります。
　「政策・制度のネットワーク」の状態は、そのシクミを使う私たち自身の暮らしかたに直結します。自分だけでは解決できない課題、ゴミや、子育てや、介護や、労働や、日常のインフラ整備などなど、私たち自身がシクミの当事者なのです。だとすると、こうした課題に気づき、考え、行動するひとびとが豊かにいることが、「政策・制度のネットワーク」の維持にも変革にも重要です。近年、市民や企業の社会にたいする活動がますます重視されているのは、実際に、こうしたひとびとが増えているからにほかなりません。つまり、

- 「政策・制度のネットワーク」の維持・改革には、それを担う多様な存在が重要である

と言えますし、この、「課題に気づき、考え、行動するひとびと」が多様でたくさんいるだけではなく、そうしたひとびとが課題の解決にむけて互いに「関わり」あっているかどうかがきわめて重要です。それが、〈つなぎ・ひきだす〉考えかたの源です。

● 「政策・制度のネットワーク」を担っているさまざまなひとびと

　ふたたびゴミ問題を例に考えてみましょう。ゴミのことを課題とし、その課題解決のためにとりくんでいる存在は多様です。多様ですが、おおよそ、3つの集合に分けられます。市民や市民活動など（このグループを「市民社会セクター」とよびます）、企業など（市場セクター）、自治体や国など（政府セクター）です。実は企業のひとも政府のひとも、職場を離れれば市民です。同じひとが違う顔で市民として、企業として、政府として、それぞれの「ゴミ問題政策」を推進しています。

　一方で、とりくんでいるのは「ゴミ問題」でも、それぞれにできることはセクターによって異なります。法律を作ってシクミに強制力を与えられるのは政府だけですし、経済や市場の活力を利用してとりくむのが得意なのは企業です。自分たちの課題として、自由に構想し多様に活動することは市民活動の根源にある、社会を変えていくことができる大きな自治の力です。

　また、セクターの中でも、環境省と経済産業省のゴミ政策、A市とB市のゴミ政策は目的や手法が異なるでしょう。市民活動でも、リサイクルを進めることが目的なのか、ゴミ量を減らすのが目的なのか、特定の分野や特定の場所のゴミの問題なのかによって、活動の内容は違います。また、同じ組織や団体のなかでも、あるいは同じ部署の中でも、価値観や理念や利害や立場が異なることがあり、行おうとすることも異なることがあります。どんな組織もそれを構成しているのは、個人です。私たち個人はそれぞれ異なっているのですから、このようなことは当然ありえます。

　ですが、だからといって、同じ課題にとりくむ個人、団体、組織は、ばら

ばらに進むしかないのでしょうか。

　ゴミ問題に限らず、さまざまな課題で、3つのセクターはそれぞれ重要な役割を果たしています。それぞれのセクターならではの活動領域もありますが、重なりあっている領域もあります。ゴミを回収するという活動は、市民も、政府も、企業も行っています。介護や子育てでも、重なっている活動領域があります。それでは、そうした重なりあっている領域では、活動する個人、団体、組織が、連携・協力すれば、互いに効果を高めることができたり、負担を軽減することができたりして、互いの活動にプラスにすることができ、「政策・制度のネットワーク」の改革にもつながるのではないでしょうか。

　また、連携・協力する、単純にいえば仲良くするだけではなく、緊張・競争すること、ライバルであったり厳しい指摘をしたりする存在である関係も重要です。そのことで、結果として、はば広い市民からみたとき「政策・制度のネットワーク」がより「よい」ものになるのではないでしょうか。

　図表1-2にその様子を示してみました。つまり、私たちの暮らしが展開される社会で共有される課題＝公共課題に、3つのセクターの多様な個人、団体、組織がとりくんでいること、それらの連携・協力（や緊張・競争）関係が進められる領域があることを示しています。図で描いているよりももっとひろい重なりであるかもしれません。この重なりあっている領域で、連携・協力（緊張・競争）が豊かに行われていることが、「政策・制度のネットワーク」にとって重要なことであるわけです。

●政策主体と〈つなぎ・ひきだす〉

　こうした、公共課題にとりくむ個人、団体、組織を、「政策主体」とよびます。

　それぞれの政策主体は、互いの違いを前提にしながらも、目的や理念の一部、あるいはそのための道のりや手段の一部を共有したり、互いの違いをふまえてそれぞれのいいところを活かしたりできます。また、目的や理念や道のりや手段が異なるからこそ、自分たちをかえりみて刺激になったり、互い

に競争したりすることになります。それは、くりかえしになりますが、「政策・制度のネットワーク」の維持・改革という大きな目でとらえれば、大きな効果を持ちます。

図表1-2を見ながら、いままでの話を整理してみましょう。

- 3つ（市民社会セクター、市場セクター、政府セクター）のセクターの主体がそれぞれ政策課題にとりくんでいる
- それぞれだからできる領域、活動が交錯する領域がある
- それぞれの活動（円）が交錯する部分では、連携・協力（あるいは緊張・競争）することによって、効果がより高まったり、負担が軽減したり、競争により洗練されることが期待できる

そこで、

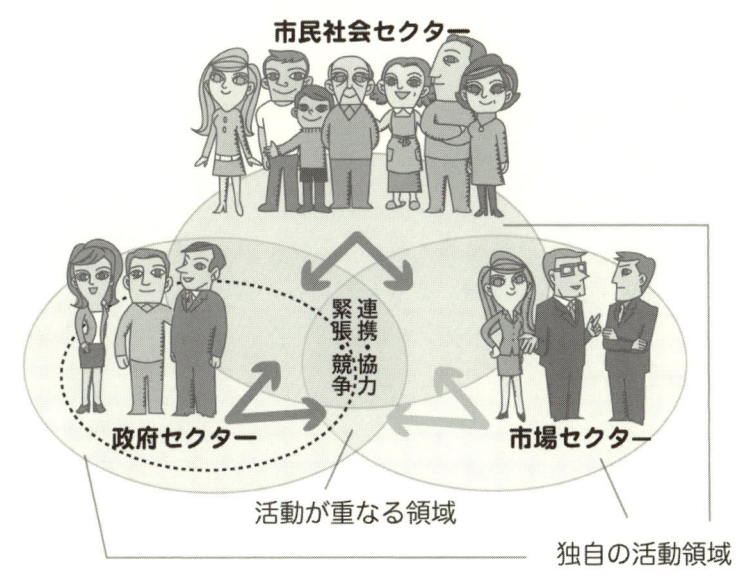

(BB-WAVE http://bb-wave.biglobe.ne.jp/ フリー素材を利用)

図表1-2　政策主体の3セクター

1章 〈つなぎ・ひきだす〉って何？

- 連携・協力（緊張・競争）は、それぞれの主体が「つなが」って、理解や共感や発見やアイディアなどを「ひきだし」ながら、カタチになってうみだされてくると言えます。

近年、市民活動団体と自治体との連携・協力にたいする期待、企業が社会の一員として行う活動にたいする評価が上がっていますが、それは、こうした「セクターを超えた連携・協力（や緊張・競争）の関係」の重要性についての気づきが広がっているからと言えるでしょう。

もちろん、同じセクターの内部、つまり市民活動団体どうしや企業どうし、自治体や政府間関係でも、主体どうしの関係は重要です。同じ組織の内部でも、部局どうしの関係は重要です。逆に、同じ組織で部局どうしの関係が薄いということは、つまり「縦割り」で分断されているということですよね。

ただ、セクターを超えた連携・協力は、一般に、同じセクターの内部や同じ組織の内部の場合と比べて、いっそう大変であることが予想できます。各セクターでは、用語や考えかた、組織の意思の決まりかた、価値を置くところや目的、その達成のための手法まで大きく異なることが多く、そこを超えていく必要があるからです。しかし、大変ではあっても、セクターを超えた連携・協力は、互いの活動領域を大きく広げること、新しいやりかたや視角を得ることも可能となります。こうしたことから、セクターや組織の内部での連携・協力を含めつつ、「セクターを超えた連携・協力」の重要性を強調しています。

さて、このように私たちと社会とそこで起こるさまざまな課題のことを考えると、課題にとりくむ政策主体がたくさんいることの大事さとともに、その主体どうしで、

- 理念、価値観や利害の異なる多様な存在と「つながり」
- 互いへの理解や共感、刺激や発見やアイディアなどを「ひきだし」

・連携・協力（や緊張・競争）など課題解決のための何かをうみだしうる

ことの重要性がお分かりいただけると思います。これが〈つなぎ・ひきだす〉ということです。

(3) 〈つなぎ・ひきだす〉力をふくらまそう

では、どうやったら、〈つなぎ・ひきだす〉ことができるのでしょうか？まずポイントは、くりかえしになりますが、

・政策主体は、理念、価値観、利害、立場のそれぞれ異なる多様な主体

だということです。異質で多様な主体が、目標や目的、そのための道のりの一部でも共有して一緒にやっていくためには、「互いの違いをふまえ」「共有できる何か」を見つける必要があります。図表1-3の濃い色の矢印が差している部分です。それが相手と自分とのあいだのどこにあるのかを見つけていけるのは、語ること、つまり「対話・議論」によってではないでしょうか。私たちは多様で異質なのですから、黙っていては、何が違うのかも、何を共有できるのかも分かりません。

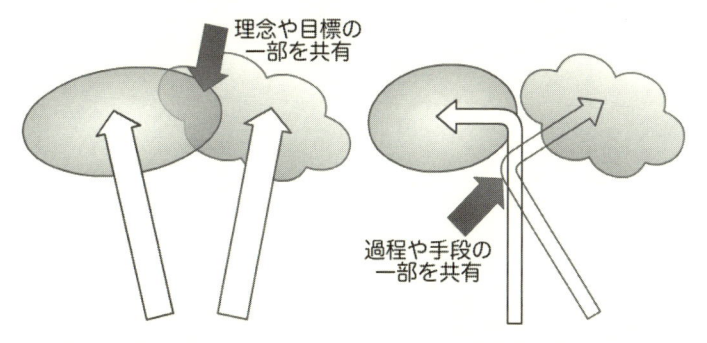

図表1-3　共有できる目標の一部、その過程の一部を見つける

1章 〈つなぎ・ひきだす〉って何？

　一緒にやってみて分かる、ということもあるでしょう。とはいえ、それは「対話・議論」をともなう実践だからではないでしょうか。互いの思いや本音を語ることもなく事業をこなすだけでは、連携・協力をうみだす関係などはできないでしょう。

　多様だからこそ「対話・議論」またそれをともなう実践によって〈つなぎ・ひきだす〉ことができるのです。また、互いの違いがいい意味で緊張や競争になる〈つなぎ・ひきだす〉関係にも、「対話・議論」は必要です。なお、声だけではなく、文章でも「対話・議論」は可能です。

　万一、「あうんの呼吸」や「言わなくても分かる」が、政策主体のあいだで成立するとすれば、それはすでに「対話・議論」の積み重ねがあって、深く〈つなぎ・ひきだ〉されているからこそではないでしょうか。それでも「言わなくても分かる」が思い込みや誤解にならないよう、語り、共有する努力が不要になることはないでしょう。

　一方で、私たちの社会は、この〈つなぎ・ひきだす〉ための「対話・議論」に習熟している社会とは言えないのではないでしょうか。

　たとえば、私たちが学校で受ける教育は一般に「正しい回答を要領よく見つける」訓練を重要視していないでしょうか。一般的な入試はその象徴ともいえます。どこかに「正しい答え」があって、それを「要領よく見つける」ひとを高く評価する試験という側面が大きいのです。

　「正しい解答を持つひと」が優れたひとであるという前提に立てば、極端に言って、対話・議論は「誰が持っている答えが正しいか」のやりとりにとどまってしまいます。そうすると、隣にいるひとに「私の意見はあなたの意見と違います」と言うことは、「私の意見は正しく、あなたの意見は間違っていて、あなたは優れていないひとです」ということを暗に示すことになるやもしれません。「面子をつぶす」です。それを怖れて私たちは口を閉じてしまい、本音で語る対話・議論ができない…ということはないでしょうか。

16

● 「正しい解答」はない

　しかし、公共課題の解決をめざす「政策」には、「あらかじめ分かっている正しい解答」はありません。「政策」は、課題のある「現在」から、めざす「未来」にたどり着くための手段です。「未来」が誰にも分からない以上、どれが「正しい政策」なのか、本当は誰にも分からないのです。ほかより効果的であろうと思えるもの、試してみる価値があると思えるものが見つけられるかどうか、なのです。

　では、どれがその「めざす未来にたどり着きやすい政策」なのか。それは、たくさんの知恵と意見と検討と分析を多様な側面から集めて、「当事者＝私たち」がそうだと思えるもの、つまり合意をカタチづくっていくしかありません。合意のためには、「対話・議論」を積み重ねていくしかないのです。

　日本は、近代化の過程でずっと他国をモデルにして追ってきました。ある意味で「正しい解答」「正しい未来」＝モデルであるかのような幻想を、とくに国や政府がそれを持っている（べきである）かのような幻想を持ってきたのではないでしょうか。

　しかし、私たちは、今、「正しい解答がない」ことを知り、私たち自身が社会で共有される公共課題をどうするか問われていることを知っています。「正しい解答がない」世界だからこそ、互いの情報や知恵や意見を出しあって、対話や議論によって検討し分析し、決断や合意を試みることが必要なのです。

● 「対話・議論」は楽しい

　また、対話や議論は必要なだけでなく、本来、自分とは異なる意見や自分が知らない情報を共有して何かをつくりあげていく、刺激と喜びのある楽しい過程なのです。このように、「正しい解答がない」という前提に立てば、「対話・議論」が必要でかつ楽しいことだと見えてきます。また、自分自身でそれを体験することもできるでしょう。

1章 〈つなぎ・ひきだす〉って何？

　「対話・議論」を実りあるものにするためには、ＡさんがＢさんに「私の考えはあなたと違います」と言える雰囲気、そして、ＡさんＢさんと一緒にいるＣさんとＤさんを含めて、その「違いをふまえて見つかるもの」たとえば合意や共通点などを見つけていこうという関係が必要です。それがあれば、時には鋭く対立しても、得るもののある対話・議論が可能になると考えられます。3章で紹介しているのは、そうした雰囲気や関係をつくる力のためのプログラムでもあります。

●「あうんの呼吸」プライベートではいいけどパブリックではあきらめよう
　「あうんの呼吸」「暗黙の了解」「沈黙は金」…といった言葉たちがさすものを、美しいとか、安穏だとか、美徳だとか、プラスの意味で受け取るところが私たちの社会にはないでしょうか。
　言わなくても分かる、予定調和を大事にする、そんな関係に憧れることもあるでしょう。もちろん、私的な関係では、その関係をめざすことは可能ですし、ひとにはその権利があります。
　ただ、多様なひとびとと共有する公共領域（パブリックな空間）で、政策主体として活動するときには、それは無理といわざるをえません。長年一緒に行動し、理念と目標を共有してきた同志であっても、違うことはありえます。でも、違うからこそ、多様であるからこそ、発見があり、刺激がある。異質なひとびとがいきいきと輝く社会を開いていけるのです。
　職業、産業、暮らしかた、文化、価値観、利害を共有できる、同質性を前提にした関係ではなく、「違うこと」異質性を前提にして、政策主体どうしの関係を作っていくことが必要なのです。なので、対話・議論で〈つなぎ・ひきだす〉ことが重要なのです。

●セクターの分断の厚さを超えて
　前掲の**図表1-2**を政策主体の関係図としましたが、今の私たちの社会を考えると、**図表1-4**のほうがしっくりくるかもしれません。

セクター間の厚い壁→相互理解と交流の不足、協働経験の未熟

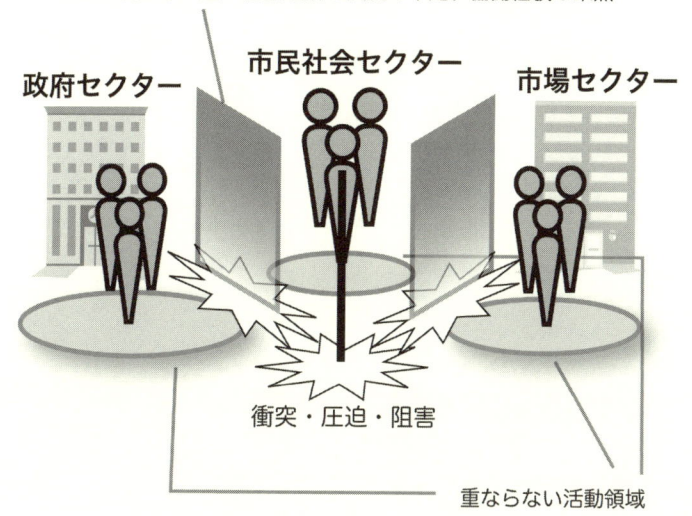

政府セクター　市民社会セクター　市場セクター

衝突・圧迫・阻害

重ならない活動領域

図表1-4　セクターの分断

　私たちの社会は「対話・議論」に乏しく、組織やセクター間の分断が厚いといえます。お役所用語、業界用語などといいますが、言葉も通じないほどです。日本型雇用といわれた終身雇用は、セクター間だけでなくセクター内の職業・職場移動も少なくしています。年金などの暮らしを支えるシクミもセクターで違います。

　たとえば、アイルランド共和国ダブリンの近郊都市で出会った自治体職員さんは、ちょっと前まで英国であるベルファスト市に勤めていました。NPOと自治体のあいだで転職しキャリアを上げていくことも珍しいことではありません。ですが、私たちの社会ではなかなか想像できないだけでなく、そうした移動が職歴としても生涯賃金としてもメリットの少ない社会であり続けてきました。「その道一筋」の純潔性を美徳とする空気が、セクター間のひとの移動や交流を阻害してしまった面もあるかもしれません。

　セクター内外での「対話・議論」の経験と蓄積が乏しく、そしてセクター間もセクター内でも、移動や交流が乏しいこと、この現状を乗り越えて、

1章 〈つなぎ・ひきだす〉って何？

　図表1-2のような、多様な主体がセクターの内外を超えて連携・協力（や緊張・競争）が可能になる、そんな公共空間を作っていくことが、「政策・制度のネットワーク」の維持・変革を進めていくためにも、私たち自身に求められていると言えるでしょう。
　だからこそ、〈つなぎ・ひきだす〉ことの重要性、それを可能にする対話・議論の力を増していくことの必要性を指摘し、意識的にその経験を蓄積させていくためのトレーニングを紹介することを、このブックレットの目的としています。

（4）つながりやすく・ひきだしやすい社会へ

●結局、〈つなぎ・ひきだす〉って
　この章では、〈つなぎ・ひきだす〉が、

・理念、価値観、思考、立場、利害の異なる多様な政策主体どうしがつながり、
・理解や共感、発見や刺激やアイディアをひきだし、
・連携・協力（また緊張・競争）など、政策過程を進める何かをうみだしうる

ことを説明してきました。
　それでは本当は「つなぎ・ひきだし・うみだす」なのではないか？　とお感じになるかもしれません。しかし、〈つなぎ・ひきだす〉にとって、「うみだす」は必須ではないと考えます。うみだせるかどうかは、そのときの状況やタイミングといった別の要素が関わってくるからです。
　たとえば、AさんとBさんが語らって、互いの活動やその思いを知り、共感したとします（〈つなぎ・ひきだす〉）。しかし、それが具体的な事業で連携しようということにならないことも当然あります。でも、別の機会に連携に

図表1-5 〈つなぎ・ひきだす〉

ぴったりな状況があって、今〈つなぎ・ひきだ〉したことがその未来では生きるかもしれません。あるいは、Aさんと語らったBさんがCさんを紹介して、そこでは何かがうみだされるかもしれません。

今の〈つなぎ・ひきだす〉が、何らかのかたちで未来の「うみだす」につながるかどうかは確実でなくともいいのです。「うみだす」につながりうる、でいいと考えます。逆に、一緒に事業をやった（うみだした）としても、その担当者どうしで〈つなぎ・ひきだす〉経験がともなわなければ、次には展開しないでしょう。

一方、ただ「知りあいになる」、情報交換をするだけではなく、連携・協力につながるためには、理解や共感など互いに共有するものが必要ではないでしょうか。したがって、〈つなぎ・ひきだす〉は分離できない一組のものと考えます。

● 「つながりやすく・ひきだしやすい」社会

では、〈つなぎ・ひきだす〉が私たちの社会また公共空間のなかに広がっ

1章 〈つなぎ・ひきだす〉って何？

ていったら、どうなるでしょうか？

　一度、〈つなぎ・ひきだす〉関係を蓄積した相手、たとえば本音で語らったり理解や共感したりした相手とは、再び何かの場面で一緒に会って何かをしようとするとき、初回より心理的にも過程においてもハードルが下がり、やりやすくなっているのではないでしょうか。

　公共課題の解決をめざす政策主体としての活動が、〈つなぎ・ひきだす〉の蓄積となっていくことを想像して下さい。多様な主体が多様な課題をめぐって連携・協力（緊張・競争）し、それが新たな連携・協力を、そのためのハードルを下げながら誘発していく。「つながりやすく・ひきだしやすい」社会になっていくのではないでしょうか。言いかえれば、それは、多様な主体が豊かな連携・協力関係によって課題の解決をしやすくしていく社会といえます。

　近年、「社会関係資本」「ソーシャル・キャピタル」という用語がよく言われますが、〈つなぎ・ひきだす〉関係が豊かな「つながりやすく・ひきだしやすい」社会はまさにその用語がめざす状況なのではないでしょうか。

●「地域公共人材」と〈つなぎ・ひきだす〉力

　この〈つなぎ・ひきだす〉力は、「地域公共人材」という視角とつながるものでもあります。

　龍谷大学LORCでは、地域における公共課題の解決をめざす政策主体を、職業やセクターの違いを超えて見通すため、「地域公共人材」と名づけました。これまで示してきたように、地域における公共課題の解決、「政策・制度のネットワーク」の維持・改革には、セクターを超えた政策主体の連携・協力が重要です。そのため、地域公共人材とはそうした連携・協力によって政策過程を進めていく重要性を知り、それを可能とする素養や能力を持つ、市民から高度職業人までのはば広い人材をさしています（土山［2011］）。言いかえれば、〈つなぎ・ひきだす〉能力は地域公共人材に共有されることが期待される能力でもあるわけです。

地域公共人材層ははば広いのですが、その専門性や職業性の高さ低さで求められる水準は変わっても、その立場や個性であらわれかたは変わっても、対話や議論で〈つなぎ・ひきだす〉力は共通して求められると言えるでしょう。ファシリテーターにはファシリテーターなりの、コーディネーターにはコーディネーターなりの、リーダーにはリーダーなりの、また自分の個性にあわせた〈つなぎ・ひきだす〉力が求められるのです。

　龍谷大学LORCでは、このように〈つなぎ・ひきだす〉を提起し、対話・議論を通じてその能力や素養、ふるまいを修得する研修プログラムを試行しました。次の章では、より「対話・議論」をしやすくすることを、ワークショップとファシリテーターの特徴から考えます。3章では、それを体験する研修プログラムの手法を解説し、このブックレットを手に取ったかたと共有できるようになっています。そののち5章では、〈つなぎ・ひきだす〉協働型ディスカッションとそれをしやすくするファシリテーターの機能を確認してみましょう。

> **ファシリテーターさんに6つの質問！**

　　　LORCの協働研修、〈つなぎ・ひきだす〉能力開発プログラムの成果の鍵を握ると言っても過言ではないのが、ファシリテーター。参加者そしてLORCが絶大な信用をもってファシリテートをお任せしているのが、きょうとNPOセンターのファシリテーターのみなさんです。その経験豊かな3名のかたに、ファシリテートの核心を聞きました！

● ファシリテートするときにつけていることを教えて下さい。
- 何のためにワークショップをするかという目的について、参加者が理解しているかどうかを特に気をつけています。目的への理解が曖昧だと、こういった場をつくり、ファシリテーターをつけて話し合っている意味や効果がうすくなるため、ワークショップ開催前に主催者との打合せでの確認、参加者への確認を徹底するようにしています。
- 参加者の皆さんが気持ちよく、そして積極的に話し合いが行えるようにこの場がなっているのかについて常に意識するようにしています。ワークショップを行う会場や隣との距離などの環境設定から、一人でしゃべりすぎない・他の人の話しを聞くというような話し合いのルールづくり、ポストイット等の道具立てまで、その場にいる人達に応じた対応ができるように心掛けています。
- 実際の地域の中でのワークショップにおいては、「正解」がないために、全員が完全に合意できるようなことはなかなかありません。ですが、時間をかけて話し合いのプロセスを共有することによって、でてきた答えが自分の考えとは違っていてもその答えに一部合意や納得することはできると思います。ファシリテーターとしては、話し合いを通じて参加者が納得できるポイントを見落とさないように意識しています。

● **ファシリテートするときに一番大事にしていることを教えて下さい。**
- ファシリテーターが答えをもっているのではなく、答えは参加者の中にあるということ（難しいのですが、迷ったら常にそこに立ち戻るようにしています）。
- 本当は、ファシリテーターがいなくても活発で公正な議論ができるのが一番いいのだということ。ファシリテート付きの話し合いの経験を通じて、私たち自身が話し合う事に慣れたり、話し合うのための作法を身につける事が大切だと信じています。

きょうとNPOセンター　野池雅人さん

- ファシリテートで困ったり焦ったりするときはどんなときですか？
  - ワークショップの開催者の目的が定まっていないとき、もしくは途中で変わる時
  - 開催者側になんらかの「答え」や自分たち都合の時間的制約があるとき
  - 参加者が主催者によって連れられて来た意欲的な方が少ないとき
    →具体的な場面というよりは、そもそもの設定で困る時の方が最近は多いです。

- ファシリテートしていて心に残ったできごとを教えて下さい。
  - 参加者が、ファシリテーターや事務局に向って意見をいうという場面から、参加者同士での話し合いにその場の空気が変化する時があるのですが、その場面はいつも心に残る時です。
  - その場だけに終わらず、その後もワークショップでできた関係性が継続されていたり、みなさんで話し合ってでた結論がアクションとして実践されていること。

- アイスブレイクから発散、発散から構造化、構造化からまとめなど、次の段階に移行するときの目安はありますか？
  - 参加者の状況やワークショップの時間的制約にもよりますが、1つ1つ参加者に確認を取りながら進めるようには意識をしています。

- めざす「ファシリテーター像」を教えて下さい。
  - ファシリテーターとしてワークショップや会議の場に参加することは多いですが、自分自身が「ファシリテーター」であるという自覚はあまり持った事がありません。その場が有意義な話し合いの場になるために、柔軟に対応できる役割を常に果たしたいと思っています。
  - あえて言えば、ファシリテーターはあくまで黒子的な存在だと思っていますので、ファシリテーターがいたからということでなく、参加者が自分たちの話し合いによって1つの結論を導きだせたという感覚が持てるようなファシリテーションができればと思います。

2章　議論のプロセスをファシリテートする

　この章では、〈つなぎ・ひきだす〉ための場である「議論」におけるファシリテートについて、ワークショップを例に考えます。とくに、議論にはプロセスがあることを知っていただくこと、確認していただくことは重要です。そのプロセスのなかで、より実りある対話・議論のためにできる「ファシリテート」とは何か、どのように進めるかを説明します。

（1）ワークショップとファシリテーター　〜2つの鍵概念

●ワークショップ

　ワークショップについてはもうおなじみかもしれませんが、確認の意味もこめてあらためて説明しておきましょう。ワークショップとは、もともとは「工房・作業場」のことですが、現在では、「参加体験型グループ学習」という意味の方が一般的です。もう少し詳しく説明すると、ワークショップとは、「講義など一方的な知識伝達のスタイルではなく、参加者が自ら参加・体験して共同で何かを学びあったり創りだしたりする学びと創造のスタイル」(中野 [2001]) と言うことができます。ワークショップという手法が活躍する場として、おおむね6つのタイプがあり、それぞれ適する分野があります。

　1　問題解決型（適する分野：ビジネス・政治）
　2　合意形成型（適する分野：社会活動、学習）
　3　教育研修型（適する分野：ビジネス、社会教育、学校教育）
　4　体験学習型（適する分野：自然、環境）
　5　自己表現型（適する分野：アート）
　6　自己変革型（適する分野：ビジネス、生活）

　これらのタイプと活躍の場をイメージで表すと**図表2-1**のようになります（中野 [2001]、掘 [2004]）。本書で解説するワークショップは、図の中の問題解決型や合意形成型、つまり、あみかけの部分にあてはまります。

　堅苦しい討議や会議では、議論の進行がうまくいかない、参加しているひとの意見がうまく引き出せていない、意見は出るがうまくまとまらない、といったような不満がたびたび聞かれます。ワークショップは、「参加」「体験」「相互作用（グループワーク）」の3つの構成要素が大きな特徴であり、フォーマルな会議と比較すると、話し合いのスピードをあげる、チームの相乗効果

図表中:

創造的（意思決定・合意形成・価値創造）

⑤自己表現型（アート 分野）

①問題解決型（ビジネス・政治分野）

個人的 ← → 社会的（組織・集団・団体）

③教育研修型（ビジネス・社会教育・学校教育 分野）

②合意形成型（社会活動・学習 分野）

⑥自己変革型（ビジネス・生活 分野）

④体験学習型（自然・環境 分野）

学習的（啓発・理解・体感）

中野（2001）、掘（2004）に一部加筆。

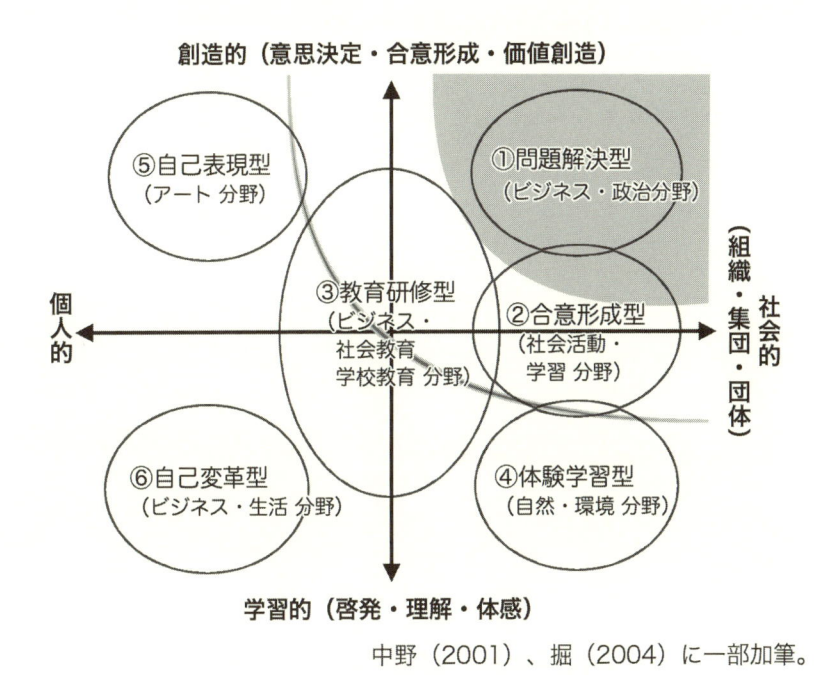

図表2-1　ワークショップの活躍の場
　　　　　6つのタイプ

をうみだす、メンバーの自律性を高める、対等な立場の確立する、といった効果があります。もちろん、こういった効果をうみだすには、ワークショップの参加にあたって、既成概念の撤廃、理由をちゃんと考える、潜在的な問題を探る、安易な答えに飛びつかない、みんなで考えみんなで決める、といった心構えで臨むことが必要です。次章で解説するプログラムのワークショップでは、6人の参加者に1人のファシリテーターで1テーブルを構成しています。一概には言えませんが、参加者それぞれがチームの一員になって議論し、「みんなで考え、みんなで決める」には、4名から6名くらいの参加者で1テーブルを構成するのがいいようです。少なすぎると発想が広がりにくく、多すぎると十分に議論に参加できないひとが出ることがあります。

●ファシリテーター

　では、この研修のタイトルにもなっている、ファシリテーター（ファシリテート）について説明しましょう。facilitateの語源は、フランス語のfacilで英語のeasyにあたりますが、ファシリテート（facilitate）を辞書で調べると、「容易にする、手助けする、促進する」といった定義が出てきます。

　ファシリテーション（facilitation）とは、文字どおりには「容易にすること、助長」という意味になりますが、ここで扱うファシリテーションとは「組織や集団による問題解決や合意形成、学習促進などのコミュニケーション活動において、協働的・創造的な議論や話し合いのプロセスを設計・運営すること」（今川他［2005］）です。

　まとめてみると、

- ファシリテート（facilitate）容易にする、手助けする、促進する
- ファシリテーター（facilitator）物事の進行などを促進するひと、容易にするひと
- ファシリテーション（facilitation）容易にすること、助長
  組織や集団による問題解決や合意形成、学習促進などのコミュニケーション活動において、協働的・創造的な議論や話し合いのプロセスを設計・運営すること

　ファシリテーションを行うひとがファシリテーターですが、もう少し分かりやすく説明すると、「議論にたいして中立的な立場で議論を進行しながら参加者から意見を引き出し、合意形成に向けて提案をまとめる調整役」と言えるでしょう。

（２）ワークショップの議論のプロセスと対応するファシリテーターのスキル

　ワークショップで行われる議論には大きく４つのプロセスにあたります。これをファシリテーション・サイクルとよんでいます。このプロセスに対応するファシリテーターの基本的なスキルを、プロセスとともに説明しましょう。

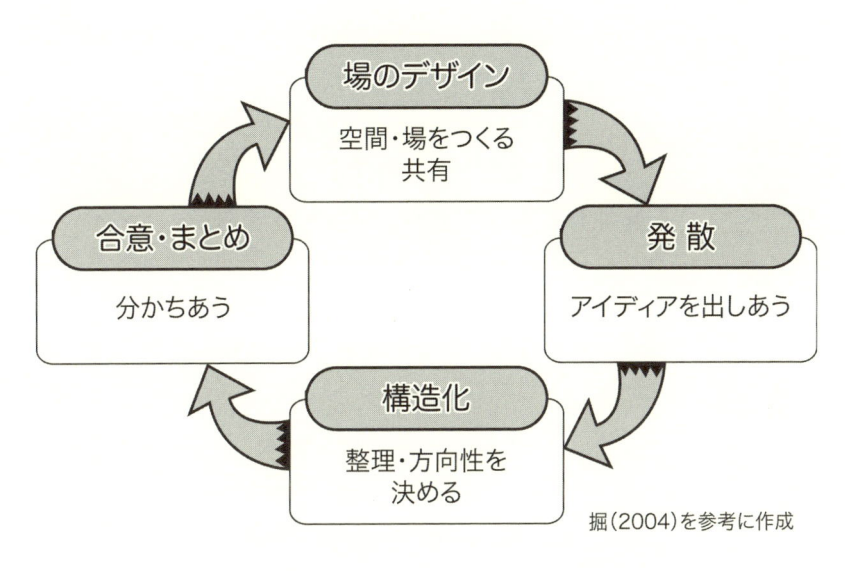

図表2-2　ファシリテーションサイクル

（掘(2004)を参考に作成）

- 場のデザイン：空間・場をつくる　共有
- 発散：アイディアを出しあう
- 構造化：整理・方向性を決める
- 合意・まとめ：分かちあう

●プロセス１　場のデザイン：準備→アイスブレイク→共有

　まず、議論の本題に入る前にファシリテーターが行わなければならないのが、「場のデザイン」です。これはワークショップが始まる前から始まります。「空間的な場」をつくるために、必要なのが、準備です。ワークショップで話しあうテーマについてあるいは参加者についての必要な情報収集です。予習なしの出たトコ勝負では、どういった意見が出されるか想定すらできません。

2章　議論のプロセスをファシリテートする

　あらかじめ、テーマについて調べ、参加される方のバックグラウンドを知っておけば、議論についてある程度イメージすることができるでしょう。その際、単に頭の中でなんとなくイメージするだけではなく、当日の進行や予定時間も頭に入れながら、おおまかな進行イメージを具体的に作成しておきます。また、議論進行上のルールもあらかじめ決めておくとスムーズに進めることができるでしょう。

　それから、必要な物品も購入しておきましょう。模造紙、糊つき付せん紙、メモ用紙等、必要なものはあらかじめ用意しておきます。3章ではLORCがワークショップを行うときのセットの中身を紹介します。

　場のデザインの次のステップは、ワークショップが開始してから、本題の議論に入るまでのアイスブレイクです。議論を始める前のウォーミングアップの局面です。特に参加者どうしが初対面の場合は、緊張してなかなか意見が出てきません。リラックスして意見が言えるような雰囲気作りをすることがいい話し合いへの第一歩です。まずは、お互いの自己紹介から始めましょう。それぞれが普通に自己紹介するのもいいですが、ゲームやエクササイズも取り入れてみましょう。

　しっかり話し合える雰囲気ができたら、議論の開始です。意見を出してもらう前に、もう1つ「場のデザイン」で大切なことを忘れてはいけません。それは、場のデザイン最後のステップ「共有」です。「共有」では、これから話すテーマを確認して何をするのか参加者全員が理解します（5章参照）。

　「共有」の局面で必要なことがあります。それは、話し合いの基本的なルールを決めてそれを参加者全員で共有することです。これには、たとえば、相手を非難しない、意見を否定しない、ひとの話をよく聞く、といったものがあります。協働的・創造的な議論を行う上で、このようなルールは重要な役割を担います。議論参加者に確認をしておきましょう。

　〈つなぎ・ひきだす〉ファシリテート能力研修では、これらのルールを「グランドルール」として、参加者が見える所に掲示するようにしています。

グランドルール

・相手を批難しない　・ひとの話をよく聞く
・意見を否定しない　・少数意見を大切にする
・肩書きや立場を忘れる　・楽しむ
・ぐち・文句を言わない　・主体的に参加する
・無理をしない

図表2-3　グランドルール

●プロセス2　拡散

　次に行うのは「拡散」です。ここでは議論参加者にアイディアを出してもらいます。アイディアを出していくときに用いられる方法として有名なのが、ブレーンストーミング（ブレスト）と呼ばれる方法です。グループで、それぞれが思いついたアイディアを言い、書き出していきます。糊つき付せん紙などを使用し、ディスカッション参加者に意見を書いてもらうこともあります。
　ブレーンストーミングを行う上で重要な要素が3つあります。

1　質より量
　　たくさんの意見があれば、そこから新たなアイディアが生まれる可能性があります
2　批判しない
　　言ったそばから、否定・批判はしてはいけません。出たアイディアをつなげることにより、新たなアイディアが発見できるかも知れません
3　付け足しOK
　　一度出たアイディアについて思いつけば、それに新たなアイディアを付け足すことは可能です。

　そして、ディスカッション参加者全員に求められるのは、「聞く・聴く・訊

く」の姿勢です。

「聞く・聴く」姿勢とは「傾聴」という言葉でも表されます。ディスカッション参加者の意見・考えを引き出すためには、まず参加者全員が聞く姿勢を持つことが重要となります。ディスカッション参加者が互いの意見を知るためには、聴いてもらうことは重要なのです。

「訊く」はさらに重要です。問題点・意見の本質を引き出すためには、言葉だけではなく、論調・表情・態度からうかがうことが重要となるのです。

以上を行うことで、議論の参加者全員でのアイディアの共有が可能となります。

もう1つ重要なのは、質問をするということです。質問には大きく、「閉じた質問」と「開いた質問」があります。「閉じた質問」とは、答えが限定される質問であり、はい、いいえ、で答えられる質問です。問題を焦点化するため、また問題を位置づけるためにする質問です。一方「開いた質問」とは答えが限定されていない質問です。自由な返答によって会話が広がっていくのが特徴です。「閉じた質問と開いた質問」を使用することにより「拡散」、アイディア出しはスムーズに進みます。

● プロセス3　構造化

次は「構造化」の段階です。「拡散」段階で出たアイディアを、整理し、統合していきます。同種のアイディアや似た意見をまとめたり、つなげたり異なる意見を並べたりしながら整理します。アイディアを分ける、まとめる、置き換えるなどの作業をすることにより、議論参加者から「分かる」を引き出します。

「分かる」を引き出すためには、出たアイディアの優先順位や重要度を分かりやすく示すことが重要となります。そのための手法としては、全体像をつかむ、アイディアを対比させる、因果関係を考える、アイディアの時系列・優先順位を考えるなどがあります。

以上をスムーズにすすめるために使用されるのが、ファシリテーション・

グラフィックという、意見・議論を視覚化するための手法です。これには以下のようなタイプがあります。

- ツリー型（ロジックツリー、マインドマップ）
- サークル型（集合図、円交差図）
- フロー型（フローチャート）
- マトリクス型（相関図、ポジショニングマップ）

図表2-4でタイプ別の構造化の方法を示しました。議論・意見の軸や枠となるキーワードを見つけ出し、まとめるための整理の仕方はさまざまです。議論の流れに合わせて活用して下さい。

（上）ツリー型（ロジックツリー）
（下）フロー型（フローチャート）

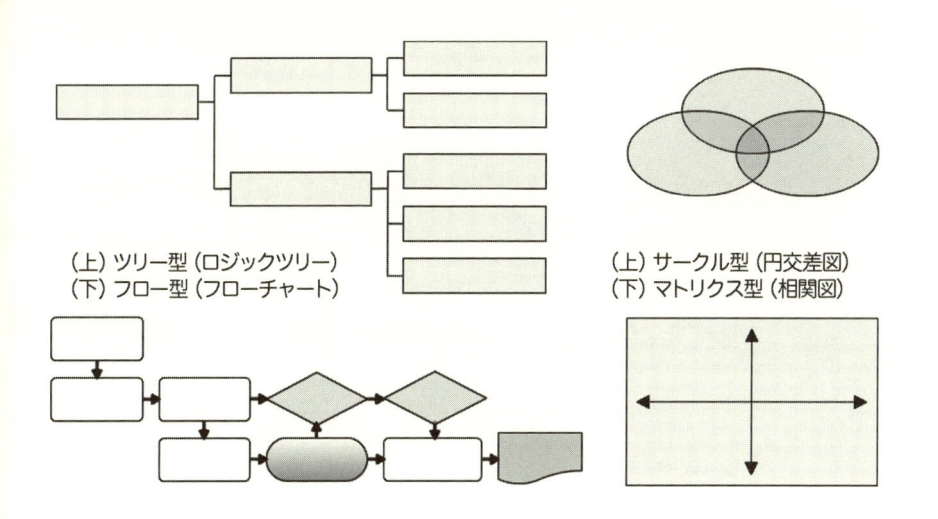

（上）サークル型（円交差図）
（下）マトリクス型（相関図）

図表2-4　構造化のパターン

● プロセス4　合意・まとめ
最後に「合意・まとめ」の段階です。議論参加者の満足度（納得の度合い）

と検討課題についての成果を考えましょう。議論参加者の満足度は議論参加者による拡散（アイディアをいかに出すか）と場のデザインに起因します。また検討課題の成果については拡散（アイディアをいかに出すか）とアイディアの構造化により出される実行案と目標・目的の合致が重要となります。

議論参加者の満足度と検討課題についての成果を考えるにあたって、議論参加者の

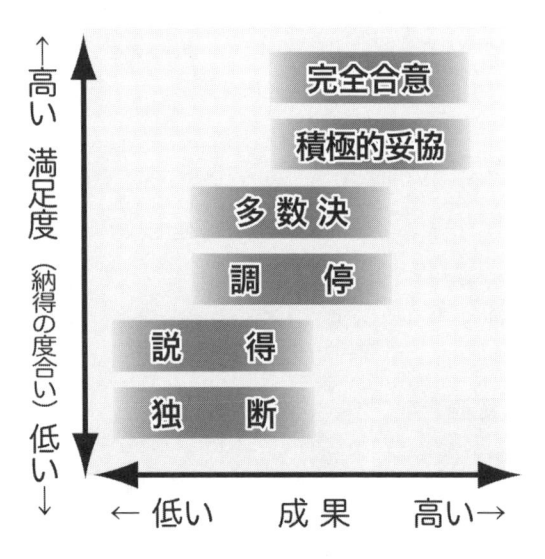

図表2-5　話し合いにおける合意の形成過程

（縦軸：満足度（納得の度合い）　高い↑／低い↓、横軸：←低い　成果　高い→）
上から：完全合意／積極的妥協／多数決／調停／説得／独断

「合意・まとめ」を引き出すには、いくつか方法が考えられます。ファシリテーターによる独断、ファシリテーターによる説得、ファシリテーターによる調停、ディスカッション参加者による多数決、議論参加者による積極的妥協、議論参加者による完全合意です。

話し合いにおける合意の形成として一番理想的であるのは、議論参加者による完全合意です。これは参加者の満足度も高くなります。一方で検討課題の成果については各手法それぞれ議論参加者が議論の中で何を行ってきたかが重要となります（図表2-5）。

しかしながら、ひとが納得するには、決断に関わる情報よりもコンテクスト、背景が必要になる場合が多いです。それは文化、つまり日本人であるということと大きく関わります。日本人は以心伝心に重きを置きます。決断に関わる根拠は何ですか、とは聞きにくい傾向があります。議論の中で「合意・まとめ」を考えるには、文化的な背景も考える必要があります。

●ワークショップでの議論に大切なこと
　以上、ファシリテーション・サイクルを説明してきました。最後に、ワークショップで議論を進めるにあたり重要なことを述べておきます。議論を行うにあたっては、ファシリテーターに限らず議論に参加するすべてのひとが、既成概念の撤廃、潜在的な問題を探る、安易な答えに飛びつかない、みんなで考える・みんなで決める、を志向することが重要となります。
　これらを志向するに当たり、ワークショップにおけるファシリテーターは、参加者の自律性・モチベーションを高める、答えはファシリテーターが持っているのではなく参加者の中にあるということを認識する、重要ではないと思うアイディアを独断で切ることはしない、常に全体を見据える（議論に参加できていないひとはいないかの確認）、聞く・聴く・訊くの促進を図ること、を考える必要があります。つまりは、みんなで考える、みんなで決める、をいかに実現させるかが重要となります。ファシリテーターの役割は以下のようにまとめることができます。

・ファシリテーターの役割
　参加者ひとりひとりを活かすために、
　プロセス（準備、ムード、働きかけ、手法、進めかた）を考え、
　　　　　　　　　　　　　　　　　　　…デザイナー的役割
　協働的・創造的なコミュニケーションの場を創りだすことにより、
　　　　　　　　　　　　　　　　　　　…プロデューサー的役割
　自立的な問題・課題解決（＝アウトプットの向上）へ導く

（３）協働型ディスカッションと〈つなぎ・ひきだす〉ファシリテート

　1章で多様な主体による議論が重要であると述べました。この研修で想定しているのは、こういった多様な主体、つまり、セクターを超えた、価値観

や利害の異なるひとびとによる議論にあります。こういった議論を協働型議論と名付けることとします（村田 [2009]、白石他 [2011]、また、本書の5章で解説します）。

協働型ディスカッションで大切なことは「結論に至るプロセスに参加する、議論に主体的に参加する」ことにあります。

● 電線地中化の事例からわかること

たとえば、電線地中化について考えてみましょう（図表2-6）。役所が電線地中化に関して、予算、効果の最大化を専門的視点を得て検討し、合理的な判断に基づいた提案をしたとします。それは確かに手段としては合理的です。しかし市民から見れば、なぜ私の前で電線を出すのだ、地価が変わるかも知れない、どうしてそうなるのだ、となり、役所に要求・要望を出すこととなります。

では以上のプロセスを、使える予算や時間の制限など物理的制約条件だけを決めて、あとは市民に任せてしまいます。どうなるでしょう。市民としても専門家の意見を集めるなど、積極的な行動を起こして合理的な方法を探し役所の当初計画と変わらない結果となったとします。ですが、大きく違うのは、その結果にたいする受け止め方です。当初、役所が示した計画と同じよ

図表2-6　電線地中化は誰の家まで？

うな結論に至っても、話し合ったことで出した結論には、納得がいくのです。結果は同じかも知れませんが、自らが議論に参加すること、プロセスに参画することにより、役所、市民という議論の対立構造は変わるのです。

　計画・執行＝役所、要望・要求＝市民、役所対市民という構造は、多様な意見を積み上げていく、という形に変えることができます。

●意見を積み上げて〈つなぎ・ひきだす〉
　図表2-7-abcでは、対話や議論の場を、参加者どうしの関係性（拒絶⇔受容）、意見の多い少ないを軸にとって示してみました。最初は、参加者どうしの関係は拒絶に近いかもしれません。また、なかなか意見も出しにくいでしょう。電線地中化のような、誰かの利益にかかわることがあればなおさらです。意見を積み上げて、関係とくに信頼関係を育てて、右上の領域に近づけていく。〈つなぎ・ひきだす〉はそのためにも働きます。

　多様な意見を積み上げていく場が必要なのはもちろんですが、そうした機会や場や仕組みがあっても、「積み上げていく」こと自体ができなければ意味がなくなってしまいます。重要なのは「意見」がたくさん出されて、それを「積み上げていく」というプロセスそのものなのです。

　異なる立場や思いを持つひとたちが、意見を出し、それを積み上げていくプロセスをスムーズに進める存在がいるとどうでしょうか。まさに、その存在が「ファシリテーター」です。対話や議論の場を、図表2-7-cの右上の領域、つまり参加者どうしの関係を受容的にして、

図表2-7-a　対話や議論の場の様子

（図中：多く意見が出る／怒鳴り合い／拒絶／受容／うざ！無関心／戸惑い／沈黙／意見が出にくい／皆さんの家庭は？）

意見を多く引き出して、協働的・協創的な場にしていくことを助ける存在であると言えます。ファシリテーターという存在が近年必要とされている理由が、すでにお分かりいただけたと思います。

もちろん、ファシリテーターだけがいても「意見」を「積み上げていく」ことはできません。多様で、異なる思いや意見を語る、議論の場の「参加者」があくまでも主役なのです。

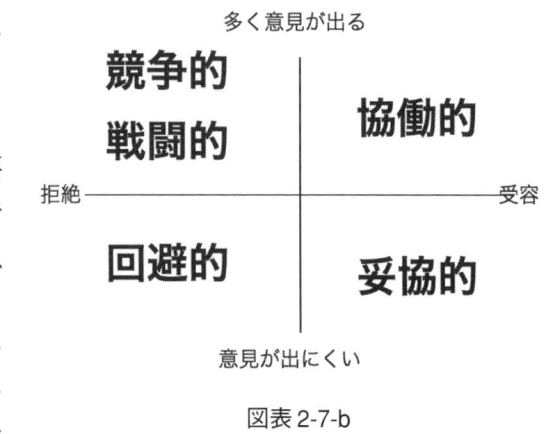

もう少し補足しますと、ワークショップの「ファシリテーター役をするひと」だけがファシリテーターではありません。議論の参加者が、意見が出やすい「場」づくりの重要性や、多様な意見を出し合うことを大事にして参加すれば、参加者として議論をしやすくする存在になることでしょう。「影のファシリテーター」と言えるかもしれません。議論をしやすくするために期待される参加者のふるまいは、この章でも「グランドルール」として一部紹介しましたが、5章であらためて「パーティシパント・シップ」として解説することとします。

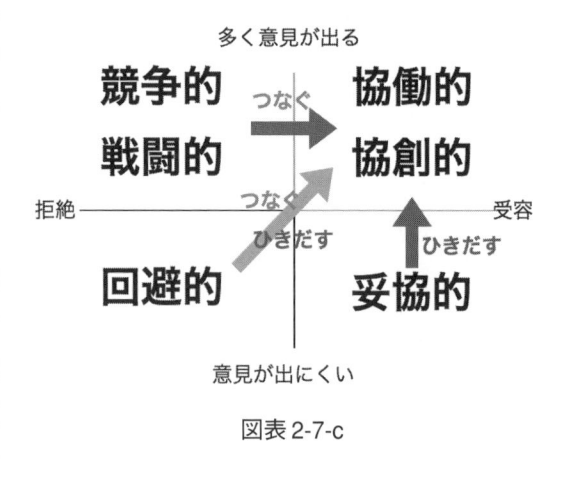

図表 2-7-b

図表 2-7-c

次の章では、〈つなぎ・ひきだす〉ファシリテータとしての力を身につける研修の方法について解説しますが、このブックレットが意図しているのは決して「ワークショップのファシリテータ役」を育てることだけではなく、そのトレーニングを通じて、司会者やファシリテータや参加者として、会議や打ち合わせや会合など、さまざまな場で対話・議論を「しやすくする」存在であるための基礎力をつけることなのです。
　では、いよいよ、その研修プログラムを見てみましょう。

ファシリテーターさんに6つの質問！

　　　LORCの協働研修、〈つなぎ・ひきだす〉能力開発プログラムの成果の鍵を握ると言っても過言ではないのが、ファシリテーター。参加者そしてLORCが絶大な信用をもってファシリテートをお任せしているのが、きょうとNPOセンターのファシリテーターのみなさんです。その経験豊かな3名のかたに、ファシリテートの核心を聞きました！

●ファシリテートするときに気をつけていることを教えて下さい。

　・自分の問いかけから、最初の発言がでるまでの時間を焦らずに待つことです。
　・発言の少ない人が発言するタイミングを捉えられるように、その人の気配を意識しておくことを心がけています。
　・メンバー全員が知っていることのように思えても、自分が分からない場合は質問するようにしています。案外、他のメンバーも知らなくて、それが突破口になることもあります。

●ファシリテートするときに一番大事にしていることを教えて下さい。

　・進め方など予め考えていても、その時の状況や雰囲気によって、全く異なる進行にするなど、準備したことにこだわりすぎないことです。

●ファシリテートで困ったり焦ったりするときはどんなときですか？

　・メンバーの発言に対して、すぐ答えをだそうとしたり、否定しようとする発言があるときです。
　　話の広がりが制限されがちで、共通点がみつけにくくなる。何より、発言しにくい雰囲気になってしまうので、その発言からのひろがりをつくれるようかなり努力します。

きょうとNPOセンター　内田香奈さん

●ファシリテートしていて心に残ったできごとを教えて下さい。

・言葉で説明しあってもなかなか理解できなかったことを、絵にかいてみたらみんなが一度に理解したことがありました。絵を描くという行為に対して、メンバーの説明の仕方が変わり、集中力が増して議論が進みました。私自身は、絵を描くことは苦手で弱みです。でも、ファシリテーターが弱みを見せることでメンバー間の協調が高まることがあると思います。

●アイスブレイクから発散、発散から構造化、構造化からまとめなど、次の段階に移行するときの目安はありますか？

・メンバーの発言のスピードが落ちたり、同じ話が繰り返されたりするようになったときです。
・姿勢が何となくうしろに引けてきたときなども。

●めざす「ファシリテーター像」を教えて下さい。

・参加者やメンバーが、自身の意見が受け入れられることの安心感やそこから議論を通じて、仲間と一緒に何かを作り上げていく過程を楽しく感じられるような場や関係性を作ることができるといいと思います。

3章　対話と議論で〈つなぎ・ひきだす〉
〜ファシリテート能力育成プログラム

　この章では、〈つなぎ・ひきだす〉ための考えかたやふるまいかた、いわば理念とお作法を体験、実践によって身につけていくためのプログラムを紹介します。2009年に北海道滝川市で試行、京都府亀岡市と龍谷大学NPO・地方行政研究コースの合同企画、2010年に京都市で研修、龍谷大学の同コースで講義として実施され、高く評価されたものです。

　プログラムについては単なる紹介ではなく、1章、2章を読んで、対話・議論をしやすくする能力を身につける機会を持ちたいと思った読者が、この章で示したプログラムやそのアレンジをご自身で実施できるように、そのための準備やツールを含めて記述しています。そのため、必要な準備について、何を目的にしていて、なぜそのようなやりかたなのかなどを解説しています。〈つなぎ・ひきだす〉力、そして〈つなぎ・ひきだす〉経験が豊かに蓄積されていくために、この章が活用されることを期待しています。

3章　対話と議論で〈つなぎ・ひきだす〉

（1）プログラムの背景と全体像

　このプログラムは、ワークショップとそこでのファシリテーションを学ぶことを通じて、〈つなぎ・ひきだす〉力をつけるためのプログラムです。

　〈つなぎ・ひきだす〉力はファシリテート能力だけに限りませんが（1章）、育成の対象を具体的に絞るにあたって、ファシリテート能力としました。それは、〈つなぎ・ひきだす〉力が対話・議論またそれをともなう実践で発揮されるものであることから、対話や議論の場を豊かなものにするためのファシリテート能力は〈つなぎ・ひきだす〉力と親和性が高いためです。

　このプログラムの設計には、もう1つ、LORCが開発した、「協働研修」つまりセクターの異なる主体が1つのテーブルで2日間にわたって政策形成をめざすプログラムの実施が背景にあります。このプログラムも効果が高いものとして評価されていますが[1]、それにはファシリテーターが果たした役割がきわめて重要であったことに気づきました。優れたファシリテーターの存在によって参加者の充実感、満足感が高く、成果の多い議論となったのです。多くの参加者が事後のアンケートに、こうした対話・議論の必要性、楽しさと、そこでのファシリテーターの重要性を指摘し、次はそのようなファシリテート能力を身につけたい、と記していました。

　ここで重要なのは、求められているのは単に「ワークショップのファシリテーター」という役を果たすひとではなく、「参加者をつなぎ、思いを発話としてひきだして、対話・議論をしやすくする」ファシリテートの力、機能だということです。〈つなぎ・ひきだす〉はこの発見から、具体化していったものでもあります。

1　そのため、このプログラムのめざすところを、セクターを超えた連携・協力の重要性とあわせて論じ、プログラムを実施するためのハンドブックを出版しました（土山［2008］）

このプログラムは、ワークショップとそこでのファシリテーター役の実践によって構成されています。ですが、ワークショップという限定された機会のファシリテーターという役割を与えられたときだけでなく、多様な場で対話・議論をしやすくする〈つなぎ・ひきだす〉理念と技法を、プログラムを通じて得ることを目的としています。その技法や力は、司会であっても、ファシリテーターであっても、参加者としても、応用できます。対話・議論はファシリテーターによって作られるのではなく、ファシリテーターをひきだし役にしながら参加者が作るものですから。この意味では、対話・議論をしやすくしてくれる参加者は、いわば「影のファシリテーター」といえます。こうした参加者のふるまいや素養は、5章で「パーティシパント・シップ」として解説していますが、ファシリテーターの目線を持つことでこのパーティシパント・シップも身につけられると考えています。

　このプログラムは、このような経緯と意図をもって企画されました。具体的には、

- 〈つなぎ・ひきだす〉力についての理念と技法の基礎を（次項の獲得目標参照）
- 実際に多様なひとびとを〈つなぎ・ひきだす〉力をつけたいと思っている職業人や職業人をめざす人材を対象に
- 集中して2日間を講義、ワークショップ、実践演習によって行い、数ヶ月のちに数時間のフォローアップを行って完成するプログラム

として構成されています。LORCが実施したときは自治体職員さん向け研修、社会人を多く含む大学院の演習型講義として行いましたが、一部は市民にも公開し、プログラムそのものは多様な市民にむけたものとして応用することができると考えています。

（2）プログラムの獲得目標

このプログラムを通して、以下が参加者に獲得できるよう設計しています。

1. 対話・議論、それを通じて〈つなぎ・ひきだす〉能力の機能、重要性を理解する。
2. セクターを超えて対話・議論を支援するファシリテートを実践し、〈つなぎ・ひきだす〉経験を習得する。
3. 議論に過程があることを理解し、現在がどの段階にあるかを意識することができる。
4. 対話・議論の能力の理念とスキルの基礎を習得する。

プログラムでは、理念を背景にした技法、技法として生きる理念を、講義と演習を組みあわせながら獲得できるように構成しています。

（3）プログラムの準備

このプログラムは図表3-1のように構成されています。準備としてはまず、企画の趣旨や獲得目標を示し、参加者を集めてグループ分けをするところから始まります。

● グループの編成

核となる2日間の研修は、参加者6名にファシリテーター1名のグループで構成されています。ファシリテーターは、2日間を通してグループワークを支える重要な存在になります。

参加者は、必ず、2日間参加可能な参加者で構成します。急病などのやむを得ない事態はありますが、1日だけという参加者がいると、そのかたの

図表3-1　2日間プログラムのタイムスケジュール

	時間	プログラムの内容	プログラムのねらい
1日目	午前	オリエンテーションと講義 講義①〈つなぎ・ひきだす〉まちづくり 講義②ファシリテート能力とその技法	①なぜ、〈つなぎ・ひきだす〉能力が必要かを理解する ②〈つなぎ・ひきだす〉ファシリテート能力の技法の基礎を学ぶ
	午後	演習：フィッシュボウル（グループで相互に議論・観察。専門ファシリテータによる進行） まとめと準備：翌日の役割分担	●各グループがファシリテータつきで議論し、それを観察し、議論の4プロセスとファシリテータの機能を確認する。 ●自分たちの議論を検証し、効果的な議論のありかたに気づく。 ファシリテーター役の分担を決める
2日目	午前・午後前半	演習：ファシリテート実践 ・ロールプレイによるワークショップ ・参加者が交代でファシリテートする・される、を体験	●小テーマでディスカッション。全員がファシリテートを実践する。 ●自己評価、他者評価をうけることにより、ファシリテートの機能を確認する。
	午後後半	ふりかえり ・各グループによる、ふりかえりの発表 講義③ ・ファシリテータの機能を改めて確認 ・対話と議論を考える	●議論を通じ、ファシリテート能力を今後の業務にどう活かせるか確認する。 ③総括
事後	3時間	2、3ヶ月後に、3時間程度フォローアップ	●研修の効果の確認、身につけた能力の再確認。

フォローアップにグループ全体の時間を使うことになります。

　ワークショップは4〜6名が適切なサイズと言われますが[2]、このプログラムを実施するときは6名で設計して下さい。1名欠席が出て5名でも実行可能です。

　グループの数は、1日目に「フィッシュボウル」形式を2グループ1組で行うことから、できれば偶数にして下さい。4から6グループ、私たちも未経験ですが8グループ以上でもありえるかもしれません。

　グループが構成されたら、あとはワークショップの備品の準備、ワークシートの印刷です。ワークシートは次節以降で掲示します。原本はA4の紙で印刷していますので、利用される場合は拡大コピーして下さい。

●事前ワークシートの配布（オプション）

　必須ではありませんが、参加者の把握やグループ編成の参考になるようなワークシートを配布し（**図表3-2**、A4で利用）、事前に回収して使うとよいでしょう。同じタイミングでフォローアップミーティングの日程を調整すると効率的です。また、アイスブレイクのためには**図表3-3**もA3に拡大して記入してもらい、こちらは当日持参してもらうとよいでしょう。

●ワークショップの備品

　ワークショップのためには、各テーブルに以下の備品を用意します。

---

[2] 参加者を4名で設計すると、欠席者が出たときに3名となり、グループ議論が盛り上がらなかったり、逆に気力や体力を使いすぎたりすることもあり、負荷が高くなります。その可能性も考え、5名以上で設計したほうがいいでしょう。また、「協働研修」やこのプログラムの経験からは、参加者が7名だと、ファシリテーターにかかる負荷が大きくなり、8名ではかなり厳しいと思われます。5名か6名、実参加者は4〜6名というイメージでグループを組むことが望ましいでしょう。

| 前 | 京都市研修 | ワークシート＿事前配布 | 事前回収用 |

ご所属＿＿＿＿＿＿＿＿　お名前＿＿＿＿＿＿＿＿

このシートは、あなたと「話し合い」の関係を知るための問診票です。
お気軽な気持ちで答えて下さい。

1. 話し合いの場面でのあなたは、以下のどのタイプに近いですか？マルをつけて下さい。
    1）先攻タイプ（発話の場面で、話題を切り出したり沈黙を破ったりするほう）
    2）慎重傾聴タイプ（ひとの話を聴くことが好きで、発話には慎重になるほう）
    3）潮目を決めるタイプ（ひとまわり話が出たところで、提案や意見をだすほう）
    4）とりまとめタイプ（最後の局面でまとめようとするほう）
    5）波を見逃してしまうタイプ（タイミングがうまくつかめずに戸惑ってしまうほう）

2. あなたは話し合いの場を「得意（好き／積極的）」としていますか？
    とても積極的――――まあまあ積極的――――できれば避けたい――――避けたい

3. あなたが話し合いで「楽しい」と感じるときは、どんなときですか？

4. あなたが話し合いで「楽しい」と感じるひとは、どんなひとですか？

5. あなたが話し合いで「難しい」と感じるときは、どんなときですか？

6. あなたが話し合いで「難しい」と感じるひとは、どんなひとですか？

7. あなたの「心に残る話し合いの機会」があったら、教えて下さい。

ページ 1/2　　　　　　　　　　　　　　　　　LORC 2011 無断複製を禁じます

図表 3-2　事前に配布、回収するワークシートの例（原本 A4）

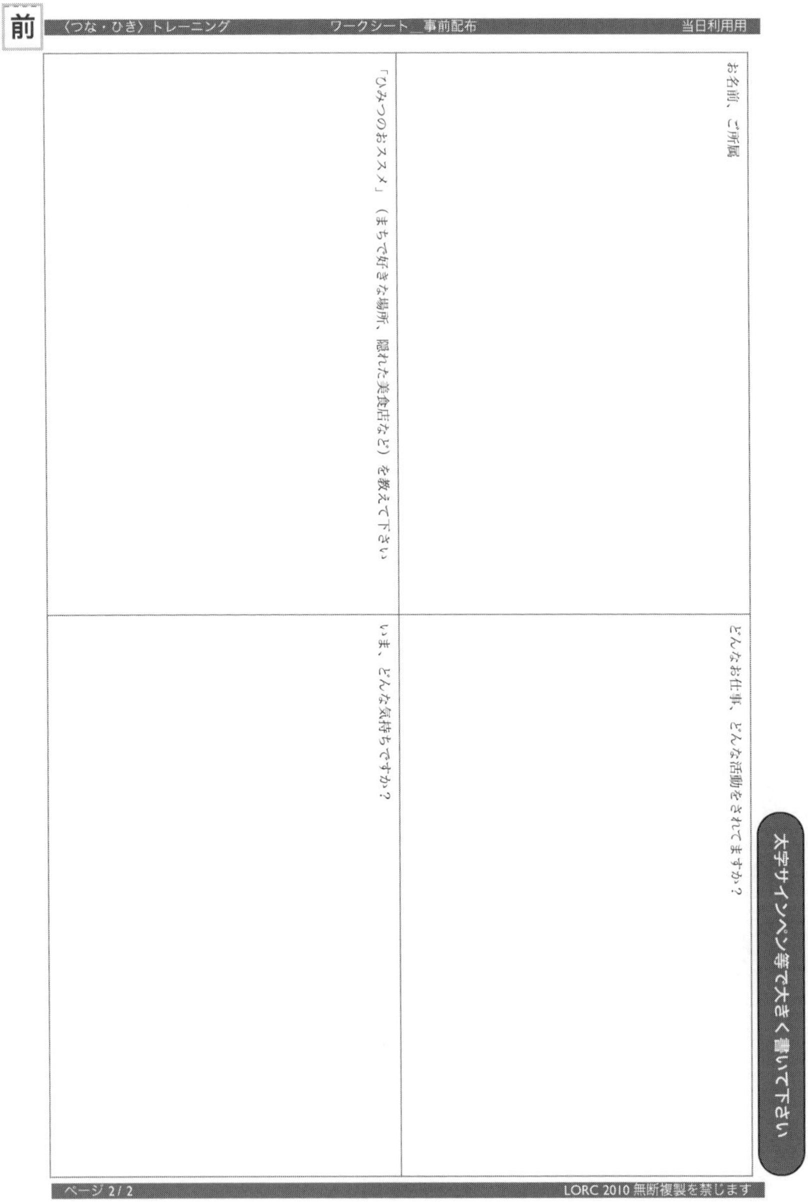
前
〈つな・ひき〉トレーニング　ワークシート＿事前配布　当日利用用

お名前、ご所属

「ひみつのおススメ」（まちで好きな場所、隠れた美食店など）を教えて下さい

どんなお仕事、どんな活動をされてますか？

いま、どんな気持ちですか？

太字サインペン等で大きく書いて下さい

ページ 2/2　LORC 2010 無断複製を禁じます

図表3-3　当日、アイスブレイクで使うシートの例（原本A3）

- ホワイトボード
    できれば2台、もしくはホワイトボートシートか模造紙を用意、書き込み終わったら新しい用紙を使っていけるように。
- 模造紙
    ホワイトボードシートでも可。ホワイトボードがあっても、あると便利です。ファシリテーターさんには模造紙派がいることも。
- ワークショップ文具セット
    箱にひとまとめにして、以下のものを用意します。
    太めのサインペン（水性など裏写りしないもの。できれば人数分。見えやすく共有しやすいので太めのものを。ボールペンは細すぎて見えにくく、量も書きすぎてしまいがち）／ポスカなど裏写りしないカラーペン数色／手のひらサイズの糊つき付せん紙を4色程度（LORCでは青、赤、緑、黄）／セロファンテープかメンディングテープ（貼る力が弱いのではがしやすい）／はさみ／のり
- ワークシート図表3-5、3-6、3-9、3-10を印刷しておきます。縮小して掲載していますので、A4に拡大してお使い下さい。

●会場のしつらえ

対話・議論が実りあるものであるかどうかはプログラムの効果を大きく左右します。また、参加者がワークショップや議論の機会を自ら設計するときにも、参考になることでしょう。そのためにはいくつか注意する点があります。

- 演台の配置
    冒頭にはレクチャーがありますので、そのための空間や演台を前のほうに用意しておきましょう（図表3-4）。
- ホワイトボードの配置
    各テーブルは、会話の邪魔にならない程度に距離があることが望ましいです。多くの場合ホワイトボードを見ながら議論することになるの

3章 対話と議論で〈つなぎ・ひきだす〉

```
演台
広さが足りない時は、
講義終了後に撤去も可

ホワイトボード
これを見ながら議論が進むので、
位置や向きを工夫して他グルー
プの声が直接かぶらないように

適度なワイガヤ感は議論を盛り上げるもの。
できれば1会場で設営するとよいでしょう。
議論の邪魔になるほどだと困りますが。

茶菓台
グループごとの休憩時
とりに行きやすい位置に
```

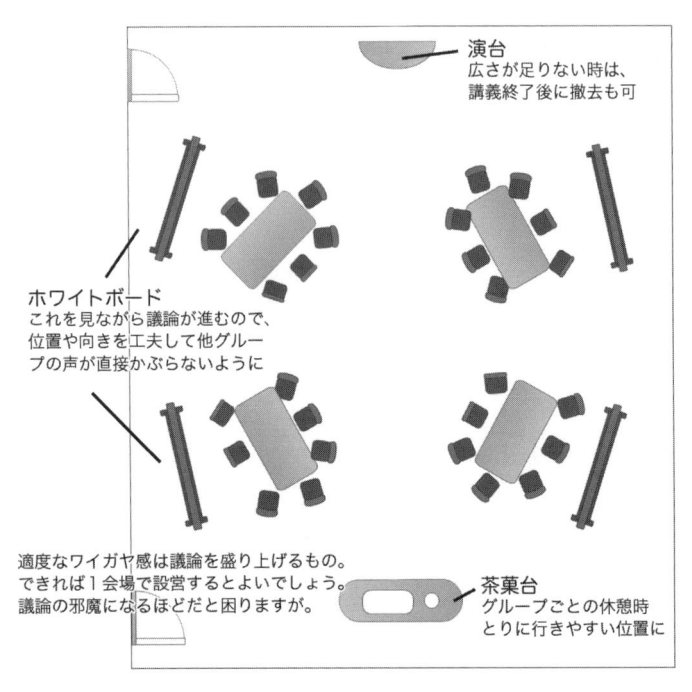

図表3-4　会場配置の例

で、そこに声が集まると意識して配置するといいでしょう。

・大きめの会場

　グループが多い場合、あるいは会場が小さい場合、2会場に分けることもありえますが、グループ小分けになることはあまり望ましくありません。会話が聞こえないほど隣グループと近いようでは本末転倒ですが、グループごとの議論で会場全体が軽くワイワイガヤガヤとなると、生き生きした雰囲気となり、各グループの「話そうという気分」を盛り上げていく効果を果たすものです。

・テーブルのサイズ

　テーブルのサイズはあまり大きくせず、模造紙を広げてみんなで囲めるくらいがいいでしょう。物理的な距離感は、心理的な距離感につながるところがあります。あまり声の大きくないひとでもみんなに声が

届く距離を考えましょう。
・茶菓台をおく
長時間のプログラムになりますので、疲労や煮詰まることも想像されます。そんなときのために、会場内にお茶や簡単なお菓子を置くスペースを用意するといいでしょう。ちょっとした気分転換にもなりますし、場も和みます。「おやつ効果」は意外にあるものです。
・グランドルールの提示
2章で示した「グランドルール」を印刷して用意しておくのもいいですし、冒頭のレクチャーの中で示し、ファシリテーターに書き取ってもらいテーブルに出しておくのもいいでしょう。

（4）1日目

1日目の構成と目的
・午前中：講義→プログラムの理論、理念、概論を示す
・午後　：フィッシュボウル形式による議論の実践＋ふりかえり→議論の過程とファシリテーターの機能の見える化

●開始前
スタッフと各テーブルのワークを助けるファシリテーターは、当日の進行、参加者やグループ編成、目的などをあらためて確認します。

●講義（50分×2）
この部分は、主として獲得目標1「対話・議論、それを通じて〈つなぎ・ひきだす〉能力の機能、重要性を理解する」を支えるものとなっています。
1日目は、まず、このプログラムの意味を理解して効果を高めるためにも、私たちの社会にとって〈つなぎ・ひきだす〉経験と蓄積がなぜ必要なのか、その力を意識的に伸ばしていく必要があることを理解するための講義を行い

ます。また、さらに具体的に、議論とくにワークショップなどには「議論のプロセス」があること、そこでのファシリテーションにあたって大事なことについて理解するための講義を行います。

LORCでは図表3-1のように2名の講師が、このブックレットの1章、2章にあたる内容を語っています。プログラムの冒頭に講義を置くことは、講義内容とその意義を理解することでプログラム履修の効果が上がります。ただ、〈つなぎ・ひきだす〉概念は言葉も新しいため、すっと理解しにくいところがあるかもしれません。しかし、そのような場合も、2日間のプログラムを通じて、当初の講義では疑問だったものがだんだん分かってくる、いわば冒頭の講義の謎解きを進めていくことにもなります。

●昼食と休憩

2日間という日程の研修を実りあるものにするためには、参加者どうしの〈つなぎ・ひきだす〉関係をつくることも大事です。緊張をほぐし、目的を共有し、そして議論そのものが活発になるからです。1日目、2日目とも、グループごとに昼食をとることをお薦めします。

また、濃密な議論は気力も体力も使います。必要なときは適宜休憩をとるよう、また、参加者が体調を崩したときにはすぐ申し出られるように留意を呼びかけます。

●フィッシュボウル形式での議論の実践

ワークシートを使ったフィッシュボウル形式[3]で議論を行い、シートと糊つき付せん紙を活用してその議論をふりかえり、評価します。

この部分は、主として獲得目標3「議論に過程があることを理解し、現在

---

[3] ワークシートを使ったフィッシュボウル形式による議論の評価については、LSSL（Learning Science for Science Learning）の自律型対話プログラムに示唆をいただきました。大塚裕子氏、森本郁代氏に感謝申し上げます。なお同プログラムは 大塚・森本［2011］として刊行されています。

| 1 | 〈つな・ひき〉トレーニング | ワークシート1 | フィッシュボウル 観察者：観察中メモ |

観察者シート 　　　　　〔グループ　　　〕　〔お名前　　　　〕

時間	議論の進行、ファシリテータについて気がついたこと	そのときの議論の局面
05:00	参加者の発言に他の参加者が笑う。場が和む。	青☑アイスブレイク　赤□発散 緑□構造化　　　　黄□まとめ □そのほか　　　　□不明
		青□アイスブレイク　赤□発散 緑□構造化　　　　黄□まとめ □そのほか　　　　□不明
		青□アイスブレイク　赤□発散 緑□構造化　　　　黄□まとめ □そのほか　　　　□不明
		青□アイスブレイク　赤□発散 緑□構造化　　　　黄□まとめ □そのほか　　　　□不明
		青□アイスブレイク　赤□発散 緑□構造化　　　　黄□まとめ □そのほか　　　　□不明
		青□アイスブレイク　赤□発散 緑□構造化　　　　黄□まとめ □そのほか　　　　□不明
		青□アイスブレイク　赤□発散 緑□構造化　　　　黄□まとめ □そのほか　　　　□不明
		青□アイスブレイク　赤□発散 緑□構造化　　　　黄□まとめ □そのほか　　　　□不明
		青□アイスブレイク　赤□発散 緑□構造化　　　　黄□まとめ □そのほか　　　　□不明
		青□アイスブレイク　赤□発散 緑□構造化　　　　黄□まとめ □そのほか　　　　□不明
		青□アイスブレイク　赤□発散 緑□構造化　　　　黄□まとめ □そのほか　　　　□不明

ページ 1/2　　　　　　　　　　　　　　　　　　　　　　LORC 2011 無断複製を禁じます

図表3-5　当日、フィッシュボウル観察者用メモ（表）

3章　対話と議論で〈つなぎ・ひきだす〉

| 〈つな・ひき〉トレーニング | ワークシート1 | フィッシュボウル　観察者：観察中メモ |

時間	議論の進行、ファシリテータについて気がついたこと	そのときの議論の局面
		青□アイスブレイク　赤□発散 緑□構造化　　　　黄□まとめ 　□そのほか　　　　□不明
		青□アイスブレイク　赤□発散 緑□構造化　　　　黄□まとめ 　□そのほか　　　　□不明
		青□アイスブレイク　赤□発散 緑□構造化　　　　黄□まとめ 　□そのほか　　　　□不明
		青□アイスブレイク　赤□発散 緑□構造化　　　　黄□まとめ 　□そのほか　　　　□不明
		青□アイスブレイク　赤□発散 緑□構造化　　　　黄□まとめ 　□そのほか　　　　□不明
		青□アイスブレイク　赤□発散 緑□構造化　　　　黄□まとめ 　□そのほか　　　　□不明
		青□アイスブレイク　赤□発散 緑□構造化　　　　黄□まとめ 　□そのほか　　　　□不明
		青□アイスブレイク　赤□発散 緑□構造化　　　　黄□まとめ 　□そのほか　　　　□不明
		青□アイスブレイク　赤□発散 緑□構造化　　　　黄□まとめ 　□そのほか　　　　□不明
		青□アイスブレイク　赤□発散 緑□構造化　　　　黄□まとめ 　□そのほか　　　　□不明
		青□アイスブレイク　赤□発散 緑□構造化　　　　黄□まとめ 　□そのほか　　　　□不明

ページ 2/2　　　　　　　　　　　　　　　　　　LORC 2011 無断複製を禁じます

図表3-5　当日、フィッシュボウル観察者用メモ（裏）

がどの段階にあるかを意識することができる」に効果的です。

「フィッシュボウル」とは、議論をするグループと観察するグループに分かれて、まるで金魚鉢を眺めるように外側から議論を観察し、検証する手法です。この手法を応用しています。

まず、議論する側のグループはファシリテーターがついて議論します。議論のプロセスを「見える化」して検証することが目的なので、テーマは制限時間内で合意形成できる比較的簡単なものがいいでしょう。たとえば、「みんなで旅行に行く計画を立てる」「海外から来たお客さんを1日案内するコースをつくる」などです。

観察する側のグループは、**図表3-5**のワークシートを使って、議論の流れを書きとめます。その際、自分がメモした場所が、講義で示した「議論のプロセス」の各段階のうちどれに当たるかチェックしておきます。チェックマークの横にある「青」「赤」などの色が用意してある糊つき付せん紙の色に対応させています。シートが1枚で足りない観察者のために、予備も用意してテーブルに数枚おいておくといいでしょう。

議論が終わったら、議論したグループは次頁**図表3-6**のワークシートに自己分析を記入し、観察したグループは手元のワークシートの内容のうち、議論の局面の切り替わりや、重要なポイントなどを拾いあげ、その時間と内容を糊つき付せん紙に転記します。このとき、**図表3-5**のワークシートにもあるように、アイスブレイクは青の付せん紙、発散は赤、など色ごとに局面を分けておきます。ここからふりかえりの時間は、重要なのですが時間が足りなくなりがちです。できるだけ急いで転記していただくようにお願いします。

模造紙かホワイトボードに時間軸を描いて、転記した糊つき付せん紙をどんどん出していってもらいます（**図表3-7**）。そして、時間の許す限り、どこに議論のポイントや、プロセスの展開や潮目があったか、そこでのファシリテーターや参加者のふるまいがどんなものだったかを検証します。同じポイントを違う局面（あるひとはアイスブレイク、あるひとは拡散）と解釈して指摘していたり、ファシリテーターのふるまいから学ぶところがあったり、ファ

3章　対話と議論で〈つなぎ・ひきだす〉

2 〈つな・ひき〉トレーニング　　　ワークシート2　　フィッシュボウル　議論者：議論後メモ

参加者ワークシート　　　（グループ）　　（お名前）

議論についての評価　　議論の過程や様子について点数をつけて下さい。	評価（点数でもコメントでも）
1．話しやすい和やかな雰囲気だった。	
2．発言者に偏りがなく、みんなが発言していた。	
3．別の話題に脱線しすぎず、議論の流れが調整（マネージメント）されていた。	
4．それぞれの意見の積み上げにより、結論が形成されていった。	
5．静まりすぎることなく議論は活発に展開していた。	
6．多様な立場や価値観を反映した意見が出されていた。	

議論についてコメント（自由にお書きください）

ファシリテーターについて
4つのフェーズでのファシリテーターのふるまいや役割について気付いたことを書いてください。

1．アイスブレイク	
2．発散	
3．構造化	
4．まとめ	
5．その他、感想	

参加者について
議論を経験して、対話・議論の参加者として求められる姿勢やルールをあげてみて下さい。

上のルールをふまえると、参加者としてのあなたの点数は何点ですか（5点満点）。	
上のルールをふまえると、グループ全体の点数は何点ですか（5点満点）。	

図表3-6　議論参加者用ワークシート

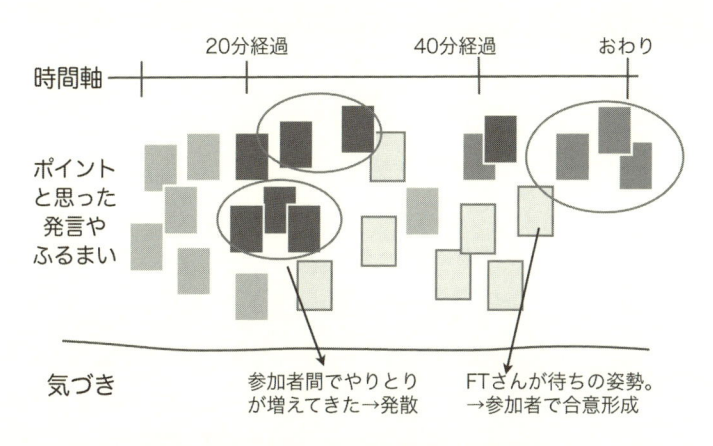

図表中:
- 時間軸：20分経過　40分経過　おわり
- ポイントと思った発言やふるまい
- 気づき：参加者間でやりとりが増えてきた→発散／FTさんが待ちの姿勢。→参加者で合意形成

図表3-7　議論をふりかえり、検証する

シリテーション自体がファシリテーターの個性とかかわるものであることが理解されるでしょう。とくに、構造化やまとめの局面といった、難しいところでのファシリテーターの進行を確認することができます。さらに、指摘されたふるまいやその後ろにある判断、気配りなど、議論した側と観察した側の意見交換や、両ファシリテーターの指摘や解説など、プログラムの中でも有意義だったとの感想が多い時間です。

続いて、議論する側、観察する側を交代して、同様に議論します。テーマは別のものにするとよいでしょう。

●翌日にむけて

議論とふりかえりが終わった頃には、大いに疲れているはずです。また一方で、議論のプロセスとファシリテートについての重要性と難しさを実感して、翌日への実践にむけて動機と緊張が高まっていることでしょう。

1日目で得たものとその労をねぎらいつつ、翌日にむけての準備をしておきます。

まず、翌日のファシリテート実践演習のために、役割分担をします。

翌日は3テーマで参加者に実践してもらいます。1テーマのファシリテー

トをアイスブレイクまでと拡散以降の2つに分割して、アイスブレイクまでのファシリテート担当者と、それ以降のファシリテート担当者の2名を用意します。したがって、3テーマ×2名＝6名で、全員がファシリテートを実践します。もしグループが5名で構成されていれば、誰か1人は1テーマ全体をファシリテートすることになります。

翌日の実践では、後半のテーマが多少難しくなります。そのことを考えて、誰がどの回のファシリテートをするか決めましょう。アイスブレイクはどのテーマでも同じくらいの難易度ですし、発散以降のファシリテートに比べれば気軽にやれるでしょう。通しで1テーマをやるひとは、負荷がかかるので（比較的簡単な）最初のテーマをやるといいかもしれません。

なお、2日目のテーマは、LORC実施のプログラムの場合は、2日目になってから公表しました。テーマ自体、予習が必要な種類のものではないこと、その場での意見のひきだしと集約を実践してほしいこと、また、終了後に運営側とファシリテーターとで打ちあわせを行い、1日目の参加者の様子を共有してテーマの難易度を調整する必要があるからです。

1回目、2回目、3回目のファシリテート担当者が決まったら、アイスブレイク役まで担当の参加者に解散後数分だけ集まってもらって、手法を紹介するのも役に立つでしょう。時間がオーバーして早く解散する必要があるときは、インターネットなどで調べてみて下さい、と案内するのもよいでしょう。

アンケートを記入してもらい、解散です。1日目終了後のアンケートはLORCでは図表3-8として用意しています。

（5）2日目

2日目の構成と目的
・午前、午後前半：ファシリテート実践→自己の評価、ピア評価で検証
・午後後半：ふりかえり→ファシリテーターの機能をあらためて確認し、プログラムの効果を確かにする。

〈つなぎ・ひきだす〉ファシリテート能力プログラムアンケート（1日目）

ご所属＿＿＿＿＿＿＿＿＿＿　お名前＿＿＿＿＿＿＿＿＿＿
プログラムの具体的内容について、効果の測定、検証、今後の研修実施内容や企画の検討の活用のためにご記入下さい。なお、記載内容はこれら目的以外には使用しません。

1）午前中の講義1を通じて、〈つなぎ・ひきだす〉対話や議論が政策形成にとって重要であることの理解は深まりましたか？
　　講義前のあなたは…
　　　　意識していなかった－－感覚は持っていた－－知っていた－－熟知していた
　　講義後のあなたは…
　　　　深まらなかった－－多少だが深まった－－わりと深まった－－かなり深まった

2）午前中の講義2を通じて、議論のプロセスやファシリテートの役割について理解が深まりましたか？
　　講義前のあなたは…
　　　　よく知らなかった－－多少は知っていた－－知っていた－－熟知していた
　　講義後のあなたは…
　　　　深まらなかった－－多少だが深まった－－わりと深まった－－かなり深まった

3）午後のワークを通じて、議論の過程やそこでの参加者、ファシリテータの役割を、実感や体感として確認できましたか？
　　講義前のあなたは…
　　　　あまり経験がなかった－－多少はあった－－わりとあった－－習熟していた
　　講義後のあなたは…
　　　　実感体感できなかった－－多少だができた－－わりとできた－－かなりできた

4）今日のプログラムについて、評価できる点、改善点など自由にご記入ください。

```
┌─────────────────────────────────────┐
│                                     │
│                                     │
│                                     │
│                                     │
│                                     │
└─────────────────────────────────────┘
```

ありがとうございました。明日もよろしくお願いします。

図表3-8　1日目終了時アンケート

●グループ変更（オプション）

1日目とグループ編成を変えることも効果的でしょう。1日目で議論する関係が育っていれば（〈つなぎ・ひきだす〉ことができていれば）、その基礎をベースに3テーマすることになります。

演習をより実践的にするには、2日目にメンバー編成を変えることも効果的です。

たとえば、1回目アイスブレイクまで担当者、以降担当者、2回目…と、同じ時点を担当する参加者に集まってもらい、そこでクジやジャンケンなどでグループを決めるやりかただと、あまり時間もかからずできるでしょう。

●ファシリテート実践

この部分は、主として獲得目標2「セクターを超えて対話・議論を支援するファシリテートを実践し、〈つなぎ・ひきだす〉経験を習得する」に効果的であり、ファシリテート担当者にはまさにプログラムの山場であり、そのときは担当しない参加者にも、議論のプロセスとそこでのファシリテーションを検証し確認する、プログラムの仕上げとして高い効果のある部分です。

各テーマの時間配分は、アイスブレイク15分、議論45分、休憩10分です。

3テーマありますので、午前2テーマ、昼食を挟んで午後1テーマとみておくとよいでしょう。議論は生き物ですので、休憩や昼食などの時間配分はグループにゆだねて下さい。

テーマは、回を重ねるほど難度があがります。たとえば1回目は、「この建物に愛称をつけよう」「新しいお土産物を開発しよう」「みんなで旅行をしよう」、2回目は「●●（市、まち、大学）に300万円の寄付があった。これをどう使うか」「観光振興のための事業を企画しよう」などがあげられます。3回目は、LORCではプログラムで獲得したことの集約の意味も込めて、「よいファシリテーターの条件とは何か」とすることが多いです。

このプログラムの特徴は、図表3-9、3-10のワークシートによるピアレビューです。

1テーマが終了したら、ファシリテート担当者以外の参加者は図表3-9に、ファシリテートを担当した2人にコメントを記入します。ファシリテーター担当者2名、つまりアイスブレイク担当者と発散以降担当者は図表3-10で、自己のファシリテーションをふりかえります。

3テーマ終了した時点で、参加者はそれぞれ図表3-9を切りとり線で切り、相手に渡します。そうすると、各自の手元にはほかの参加者から自分のファシリテートについての評価が集まりますので、それを図3-10の裏面に貼ります。そうすると、自分のファシリテーションについて自己評価とメンバーの評価（ピア・レビュー）が入ったシートが、カルテのように出来上がることになります。

1日目のファシリテーターは何をしているのでしょうか。一参加者として議論に参加することになります。ただし、ファシリテート担当者の熟度にあわせて、「よき参加者」としてサポートする、あるいは逆に「困った参加者」を演じてみることもありえるでしょう。ファシリテーターのレビューは参加者にとって重要な示唆となるでしょうから、よい点・改善点・そのほかていねいに書いていただくようお願いしておきましょう。

● 昼食と休憩

ファシリテート実践の途中で昼食が入ります。2回目と3回目の間にはいることでしょう。各グループで進捗が違うこともありますから、時間の判断も含めてグループのファシリテーターに任せます。

また、休憩についても同様です。濃密な議論は気力も体力も使いますから、様子を見て休憩をとるようファシリテーターに依頼します。

● ふりかえり

まとめに入ります。〈つなぎ・ひきだす〉ファシリテート能力について再確認し、プログラムを通じて得たものを見える化、共有します。このプログラムは、事後行うフォローアップ研修全体を通じて、獲得目標4「対話・議

3章　対話と議論で〈つなぎ・ひきだす〉

3 〈つな・ひき〉トレーニング　　ワークシート3　　FT実践：ピア評価シート

2日目：ファシリテート実践：ピア評価シート（点線で切り取り、渡して下さい）

……………………………………………キリトリ……………………………………………

ファシリテータ名	よかった点	改善できる点
評価者名		
一言コメント		

……………………………………………キリトリ……………………………………………

ファシリテータ名	よかった点	改善できる点
評価者名		
一言コメント		

……………………………………………キリトリ……………………………………………

ファシリテータ名	よかった点	改善できる点
評価者名		
一言コメント		

……………………………………………キリトリ……………………………………………

ファシリテータ名	よかった点	改善できる点
評価者名		
一言コメント		

……………………………………………キリトリ……………………………………………

ファシリテータ名	よかった点	改善できる点
評価者名		
一言コメント		

……………………………………………キリトリ……………………………………………

ファシリテータ名	よかった点	改善できる点
評価者名		
一言コメント		

ページ 1/1　　　　　　　　　　　　　　　　　　LORC 2011 無断複製を禁じます

図表3-9　ファシリテート実践　ピア評価シート

ファシリテート実践：自己評価シート　　（グループ）　　　　（お名前）

ふるまい	よくできた--できた--いまひとつ--難しい
参加者の発言を積極的に聞くふるまいができましたか （自己評価のポイント）・視線　・あいづち、うなずきや応答	○—○—○—○
発言を歓迎する姿勢を伝えられたと感じましたか	○—○—○—○

対話・議論する「場」の構築	
参加者が発言しやすい「場」を構築できましたか （自己評価のポイント）・参加者の発言のバランス 　　・対話・議論が活発にかわされた 　　・対話・議論が参加者の関心を高めた、楽しませた	○—○—○—○
参加者←→ファシリテータから、参加者どうしの対話・議論に進んだ	○—○—○—○
多様な意見を引き出すことができた	○—○—○—○

議論のプロセスの調整（マネージメント）	
アイスブレイクを担当したかた 　→参加者間の緊張がゆるんだタイミングを感じた	○—○—○—○
アイスブレイク以降を担当したかた 　→議論のプロセスを意識することができた	○—○—○—○

ファシリテートを実践して、難しかったことを記入して下さい

ファシリテートを実践して、できたことを記入して下さい

1〜5をふまえて、自己評価の点数をつけて下さい（5点満点）

点	コメント

図表3-10　ファシリテート実践　自己評価シート（表）

3章 対話と議論で〈つなぎ・ひきだす〉

| 〈つな・ひき〉トレーニング | ワークシート4 | FT実践：自己評価シート |

ファシリテート実践：あなたへの他参加者からのコメントを貼ってください。

ピア評価貼付欄

ピア評価貼付欄

ピア評価貼付欄

ピア評価貼付欄

ピア評価貼付欄

ピア評価貼付欄

ページ 2/2　　　　　　　　　　　　　　　　　　　　LORC 2011 無断複製を禁じます

図表3-10　ファシリテート実践　自己評価シート（裏）

論の能力の理念とスキルの基礎を習得する」を達成しますが、重要なポイントと成果を確認するこの時間は、4の習得内容を確認する時間でもあります。

ファシリテーションを実践したあとは、短時間ですがファシリテーションの機能とファシリテーターの役割、特徴を振り返ります。5章の内容にあたります。LORCが実施するプログラムでは、ここでの講義はフォローアップでの講義の概要、さわりの部分として設計されています。

参加者は2日間にわたる綿密なプログラムを行ってきましたので、その意味でも短時間で、しかしフォローアップのときに思い出せるように概略とポイントを示しておくようにしています。

さらに、グループのなかで、今回のプログラムで得たものをどのような場で活かすことができそうか、意見を出しまとめてもらいます。短時間ですが、各グループから報告してもらいます。

最後に、講師やファシリテーターからコメントを返し、終了です。

終了後のアンケートはLORCでは**図表3-11**を用意しています。

（6）フォローアップ

このプログラムの特徴の一つは、2～数ヶ月後にフォローアップの機会を持つことです。2、3時間の枠で実施することで、プログラムの効果やそれを活かした例を確認して共有し、そのことによって各参加者の学びの効果や〈つなぎ・ひきだす〉こと、対話・議論への姿勢、動機、認識をあらためて向上する機能を持ちえます。

フォローアップ研修では、**図表3-12**のように、事前に2日間プログラムの効果を記述する事前ワークシートを用意しました。

当日は、まず講義で、本ブックレットでは5章にあたる内容、ファシリテーションの機能を「謎解き」し、その理念また技法を再確認します。それから、「プログラムを受ける前と受けた後での変化、また変化しなかった理由」「仕事や活動、日常の場で学んだことが活きた場面」「今後の仕事や活動に活か

していくために必要なもの」を話題にして、グループに分かれ、議論をグループで行っています。

　LORCで実施したプログラムでは、ファシリテーターの核メンバーに参加いただきましたが、各グループに着くのではなく、議論全体を見守り、グループ報告にたいして、ファシリテーターとしての立場からコメントを返す役をお願いしています。

　議論の結果をグループから報告してもらい、講師またファシリテーターからコメントを返し、終了となります。

2011年　月　日

〈つなぎ・ひきだす〉ファシリテート研修アンケート調査表（2日目）

ご所属＿＿＿＿＿＿＿＿＿＿＿　　お名前＿＿＿＿＿＿＿＿＿＿＿
研修の具体的内容について、研修効果の測定、報告書の作成、今後の研修実施内容や企画の検討の活用のためにご記入下さい。なお、記載内容はこの目的以外には使用しません。

1）本日のファシリテート実践を通じて、〈つなぎ・ひきだす〉対話や議論のためのファシリテート能力は伸びたと感じましたか？

　講義前のあなたは…
　　　能力は持ってなかった－感覚は持っていた－コツも分かっていた－習熟していた
　講義後のあなたは…
　　　能力の伸びを感じなかった－－多少だが伸びた－－わりと伸びた－－かなり伸びた

2）2日間を通じて、あなたの対話や議論のための〈つなぎ・ひきだす〉能力に変化はありましたか。あった場合、「ここが変わった」という点があったら教えて下さい。

　　　　変わらなかった－－多少だが変わった－－わりと変わった－－かなり変わった
　　　　　　変わったのは、どんなところでしょう？

　　　　　　┌─────────────────────┐
　　　　　　│   │
　　　　　　└─────────────────────┘

研修プログラムの評価のために、感じたことを教えて下さい。
3）1日目と2日めのプログラムが連動していると感じましたか。

　　　　　別々のものと感じた－多少つながっていた－－一定連動していた－相乗効果があった

4）2日間のプログラムの企画や運営について、ご感想、課題、提案、お気付きの点がありましたら自由にご記入下さい。

┌─────────────────────────────────┐
│   │
│   │
│   │
└─────────────────────────────────┘

ご参加、またご回答、ありがとうございました。

図表3-11　2日目終了時アンケート

3章 対話と議論で〈つなぎ・ひきだす〉

〈つな・ひき〉トレーニング　　　　　ワークシート　　　　　フォローアップ

〈つなぎ・ひきだす〉ファシリテート能力トレーニングプログラム　ふりかえりシート

「いま」の目線でお答え下さい。当日、シートを基礎に議論します。

1．あなたの意識や行動は変化したとお感じですか。

・プログラムを受ける前と後で、あなたの意識や行動はどのように変わりましたか。教えて下さい。
・反対に変わらなかった点は何ですか。また、変わらなかった理由について教えてください。

2．実際の仕事や議論、政策形成の場面について

・今回のプログラムが役立った、活きた場面はありましたか、具体的に教えてください。
・特に役立っていないとお答えの方　その理由について教えてください。

3．これからの仕事や議論、政策形成の場面に生かしていくには

・これからの仕事や議論、政策形成の場面に、プログラムで学んだことを生かしていくためには何が必要でしょうか。

補．本プログラムをより効果的なものに高めるために、必要なものは何だと思いますか。

・自由にアイディアを出してください。（過日アンケートにご記入いただいた内容は結構です）

ページ 1 / 1　　　　　　　　　　　　　　　　　　　LORC 2011 無断複製を禁じます

図表3-12　フォローアップのための事前ワークシート

4章　ファシリテート能力育成プログラムの効果と限界

　〈つなぎ・ひきだす〉ファシリテート能力育成プログラムは、高い評価をいただきましたが、効果とともに限界もまたあります。その限界を確認しふまえることが、〈つなぎ・ひきだす〉ファシリテート能力のさらなる伸長にとっても重要と考えています。

（1）獲得目標の獲得と高い評価

このプログラムの獲得目標である、

1. 対話・議論、それを通じて〈つなぎ・ひきだす〉能力の機能、重要性を理解する
2. セクターを超えて対話・議論を支援するファシリテートを実践し、〈つなぎ・ひきだす〉経験を習得する
3. 議論に過程があることを理解し、現在がどの段階にあるかを意識することができる
4. 対話・議論の能力の理念とスキルの基礎を習得する

これら4点については、プログラムの実施、また実施後のアンケートなどで獲得が確認されているところです。

●2日間のアンケートから読みとく成果

たとえば、京都市で研修として実施した際には、25名の参加者のうち、1日目午前中の講義2つ（獲得目標1、3）、午後のグループワーク（2）、2日目午前中のファシリテート実践（2、3）、2日間を通じての感想（4）、すべてを通じて「効果を感じなかった」「変化しなかった」とする回答はほとんどありませんでした（図表4-1）。

また、亀岡市の研修と龍谷大学NPO・地方行政研究コースの講義として合同で行った際のアンケートでも、市職員22名のうち「研修成果を今後に活かせそうですか」という5段階の問いに、18人が最上位「そう思う」と答えています（図表4-2）。

アンケートの自由記述欄では、試行段階であった滝川市での実施以来、肯定的な意見を数多く得ています。よく評価される点としては、「ワークシー

図表4-1 の円グラフデータ:

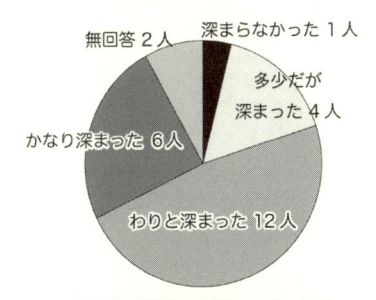

1日目の講義1を聞いて〈つなぎ・ひきだす〉対話や議論の重要性について理解が深まったか（n=25）
- 深まらなかった 1人
- 多少だが深まった 4人
- わりと深まった 12人
- かなり深まった 6人
- 無回答 2人

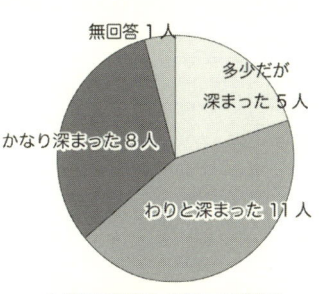

1日目の講義2を聞いて議論のプロセスやファシリテートの役割について理解が深まったか（n=25）
- 多少だが深まった 5人
- わりと深まった 11人
- かなり深まった 8人
- 無回答 1人

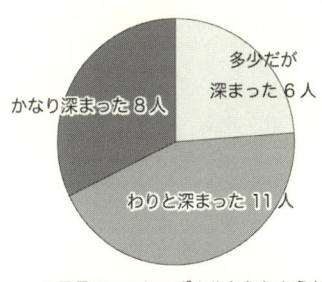

1日目フィッシュボウルとふりかえりによって、議論や過程やそこでの参加者、ファシリテーターの役割を、実感や体験として確認できたか（n=25）
- 多少だが深まった 6人
- わりと深まった 11人
- かなり深まった 8人

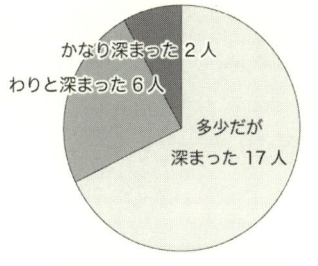

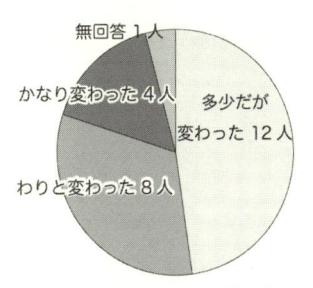

2日目のファシリテート実践を通じて〈つなぎ・ひきだす〉対話や議論のためのファシリテート能力は伸びたか（n=25）
- 多少だが深まった 17人
- わりと深まった 6人
- かなり深まった 2人

2日目のファシリテート実践を通じて〈つなぎ・ひきだす〉対話や議論のためのファシリテート能力は伸びたか（n=25）
- 多少だが変わった 12人
- わりと変わった 8人
- かなり変わった 4人
- 無回答 1人

図表4-1　京都市研修でのアンケート結果（LORC調査）

4章　ファシリテート能力育成プログラムの効果と限界

トを使いながら議論を観察する／観察されるフィッシュボウルの手法」「議論のプロセスを、時間軸を使いながら再現し可視化するふりかえりの時間」「各テーブルに専門性あるファシリテーターが配置され、直接学べること」「ファシリテーター実践とピア評価のしくみ」、また、〈つなぎ・ひきだす〉議論のプロセス、ファシリテーターの役割の「謎解き」など、講義や総括で用いられた言葉

今回の研修成果を今後に活かせそうですか（n=22）	
そう思う	18
まあそう思う	3
どちらとも言えない	1
あまりそう思わない	0
そう思わない	0
無回答	0

図表4-2　亀岡市・龍大院合同研修での亀岡市職員対象アンケート

が散見され、技法だけでなく理論、理念の一定の浸透が感じられています。

● 数ヶ月後の「実感」

また、2ヶ月〜半年後に行われるフォローアップでは、事前ワークシートの提出をお願いしています。そこでは、プログラムの効果を日常の業務や活動で感じることができたか、学んだことを活用するためにはどうしたらいいかについて記述してもらいます。フォローアップ当日は、まず、プログラムの理論やファシリテーターの機能を改めて確認し、それをめぐって議論してもらっています。

フォローアップの事前ワークシートでは、ファシリテータープログラムでの「気づき」、議論の潮目やキーフレーズを意識するようになったという感想、逆に、十分に活用できていないという感想などが混在しています。しかし、後者についても、むしろプログラムに参加したからこそ気づいたと思われる課題意識や、もっと活用したいが機会がない、といった表現が多く見られています。これをふまえての議論では、どんな場面で実際に活用できるか、とくにファシリテーター役と指示されていなくても、議論の流れを意識したり、場づくりを意識したりといったパーティシパント・シップを発揮する機会はあること、上司や仲間との対話での意識が変わったという指摘、逆に、

対話や議論する雰囲気や場そのものがないという声が聞かれ、経験の共有がされています。

● アンケートによる指摘

　もちろん、問題点の指摘もあります。1日目の2つの講義がやや盛りだくさんであり、新しい知識や概念に多く触れるため理解しにくいという声もありました。また、ふりかえりやファシリテート実践などをもっとじっくりやりたいという声、時間内に合意形成が可能なテーマにしているため議論のテーマ自体は簡単なものとなっていることにも指摘がありました。これらの点は、しかし、主に時間的な制約のなかでプログラムを構成するときに、そうした方針を選択した点でもあります。このような指摘もありますが、全体として、プログラムの効果は非常に高く評価されていると感じています。

　しかし、このプログラムは万能ではありません。プログラムを修了したかた、期待してプログラムに臨むかたに、その限界も指摘しておきたいと思います。

（2）プログラムの有効範囲と〈つなぎ・ひきだす〉ファシリテート能力

● 時間の制約とそのなかで得られるもの

　このプログラムに限ったことではありませんが、プログラムで学べる内容は時間の制約を受けます。2日間＋αという短期集中プログラムでできることは、〈つなぎ・ひきだす〉ファシリテート能力の基礎ないし入り口の水準にあるということです。

　ある意味では、このプログラムの目的は、対話・議論の重要性、〈つなぎ・ひきだす〉ことの視角、その意義を感じふるまいにあらわすことを「気づく」、その「気づき」を得ることともいえます。

　ファシリテートに限定されない〈つなぎ・ひきだす〉力の習得は、むしろその「気づき」から始まるといえます。プログラムは、その出発点に立つ視

角と力を用意するものにすぎないのです。

　また、このプログラムで実践したのは、おそらく上限で8名程度の対話・議論の場でのファシリテーションです。話題も、合意形成の難しい困難なものではありません。

　ファシリテーションの習熟には、今回のプログラムで実践できる機会や時間では当然足りず、もっと「場数」を踏む必要があるでしょう。多くのファシリテーターが、失敗や反省、あるいは〈つなぎ・ひきだす〉ことがある程度できたことの喜びを糧にその能力を伸ばして行っています。

● 困難な実践、最初の手がかり

　ただ、このプログラムでは、やはりその入り口、「場数」を踏みに一歩進むための基礎を身につけることはできると核心しています。ワークショップのファシリテーター役に限らず、多様な対話・議論の機会に、〈つなぎ・ひきだす〉司会やファシリテーター、あるいはよき参加者として、何を大事にしどうふるまうべきかを習得できているはずです。

　地域政策の実際の場では、心地いいテーマではなく、深刻な利害や価値観、修復できないような経緯をもった場面があります。このプログラムを修了しただけでは、とてもそんな困難な場では通用しないと思われるでしょう。

　その困難は、対話・議論のテーブルに着く以前の問題であることが多いものでもあります。利害や価値観の違いをふまえつつ、「何か」にたどり着かなければならないという状況や認識を共有できなければ、対話・議論はありえません。それもまた、困難ではありますが、両者をその状況や認識をもって「つなぐ」ことの必要として認識されるでしょう。

　対話・議論が「何か」にたどりつくためには、「何か」に向かって進まねばならないことを共有する必要があります。それを達成する過程は、やはり、〈つなぎ・ひきだす〉の1つの形態であって、それを「しやすく」するための理念や技法、素養やふるまいや能力は、何もなせないものではない、と考えます。

2日間＋αのプログラムで学べることには限りがあります。しかし、そこで得たものは実践をともなってこそ活かされ、実践に踏み出すちょっとした踏み切り板としての役割を果たします。〈つなぎ・ひきだす〉力が実践で磨かれ、多様なひとびとがそれを活かしていくことが、「社会を変える力」になっていくと私たちは信じています。

ファシリテーターさんに６つの質問！

　　　LORCの協働研修、〈つなぎ・ひきだす〉能力開発プログラムの成果の鍵を握ると言っても過言ではないのが、ファシリテーター。参加者そしてLORCが絶大な信用をもってファシリテートをお任せしているのが、きょうとNPOセンターのファシリテーターのみなさんです。その経験豊かな３名のかたに、ファシリテートの核心を聞きました！

●ファシリテートするときに気をつけていることを教えて下さい。
  ・参加者の発言の真意が伝わるよう「確認」をとること
    →発言の後に「今おっしゃったことは●●ということですね？」と別の言葉で置き換えるようにしています。
  ・参加者の発言の奥にある思いや考えを引き出すための「よりよい問い」をつくること
    →たとえば、ある参加者が「私は『新しい』●●をつくりたい」と言った場合、「あなたにとって『新しい』とはどういったことですか？」と問い返します。
  ・ある参加者の発言と別の参加者の発言の中に「つながる部分」や「重なる部分」があることを見つけ出していくこと（個々ばらばらの思いや意見を一つの形に集約していくこと）
    →「先ほどのＡさんの発言とＢさんの今の発言の中身は同じです（重なります）ね」と投げかけてみます。
  ・どなたのどんな発言もいったん受け止める（決して否定しない）ことにしています。
  ・議論を可視化するときは、無理やりカテゴリーに分けようとするのではなく、発言順に、それぞれのポイントをていねいに書くよう徹するようにしています。
  ・「間」を大切にすること
    →会話と会話の間の沈黙をあえてさえぎらず、参加者が考える時間や振り返る時間をもてるように心がけています。
  ・発言のない参加者に意識をかけ続けること
    →ただし、無理に発言を引き出そうとはせず、タイミングが合えば言葉をかけるようにしています。

きょうとNPOセンター　田口美紀さん

● ファシリテートするときに一番大事にしていることを教えて下さい。
・「答えは参加者同士の対話・議論の中からしか生まれない」という信念を最後までもち続けることです。

● ファシリテートで困ったり焦ったりするときはどんなときですか？
・参加者の中で、ワークショップを行うことへの不信感や、趣旨に対する無理解が解けないまま議論が進んでいくときです。
・否定的な発言や感情的な発言が続いたときもそうです。

● ファシリテートしていて心に残ったできごとを教えて下さい。
・「丁寧な議論の積み重ねによって、人（の意見や意識）はこれほどまでに変わることができる」ことを実感できる場面ですね。
　たとえば、最初は対立軸にあった参加者の関係が、議論を重ねる過程で、お互いの真意や背景を知るようになり、相手を尊重した発言が生まれた場面があります。主義主張を変えないことが何よりも大事だと思っていた参加者が、自分以外の参加者の多様な意見を聴く中で、新しい意見をもつことを受け入れる場面等も、そう感じます。

● アイスブレイクから発散、発散から構造化、構造化からまとめなど、次の段階に移行するときの目安はありますか？
「意見が出尽くしたという雰囲気になった段階」
「ある参加者から潮目の変わる発言が出た段階」

● めざす「ファシリテーター像」を教えて下さい。
・ファシリテーターが介在しなくても参加者間での会話のキャッチボールが活発になる場づくりができるファシリテーターをめざしています。

5章　協働型ディスカッションの
　　　　　　　　ファシリテーターとは
　　　　　〜ことばの機能とラポールの構築

　これまでの章でくわしく紹介した〈つなぎ・ひきだす〉ファシリテート能力育成プログラムの目標をもう一度おさらいしましょう。3章で紹介したように、この研修では、次の4つを獲得目標として掲げていました。

1　対話・議論、それを通じて〈つなぎ・ひきだす〉能力の機能、重要性を理解する
2　セクターを超えて対話・議論を支援するファシリテートを実践し、〈つなぎ・ひきだす〉経験を習得する
3　議論に過程があることを理解し、現在がどの段階にあるかを意識することができる
4　対話・議論の能力の理念とスキルの基礎を習得する

　この章では、これらの獲得目標に沿って、もう一度プログラムを振り返ってみましょう。そのうえで、プログラムを通して、何を伝えたかったのか、謎解きします。

5章　協働型ディスカッションのファシリテーターとは

（1）〈つなぎ・ひきだす〉ファシリテーターの言語的ふるまい[1]について考察しよう

　まず、獲得目標1、2に掲げている〈つなぎ・ひきだす〉能力について、ファシリテーターのふるまいを通して考えましょう。
　2章ですでに、ファシリテーターの基本的スキル（ファシリテーション・サイクル）については述べました。この章では、実際の協働型ディスカッション談話の分析に基づいて[2]、こういったファシリテーターのスキルは、実際のコミュニケーションの中で、どのような言語的ふるまいとして表れるのか、実例もあげながら見ていきましょう。さらに、ファシリテーターに特徴的なふるまいが、議論の参加者にどのような影響を与え、議論の進行にどのように働くのかも考察しましょう。

●議論のプロセスに沿ってファシリテーターのふるまいをふりかえろう
　2章で紹介したように、ファシリテーターには、議論を進行する役目があります。そこで、進行役としてどのような特徴が見られるか議論の進行の流れに沿って考察します。
　本題の議論に入る前のアイスブレイク、具体的には、参加者間の自己紹介の場面に共通した特徴が3つ見られます。それは、① ファシリテーターから自己紹介を始める、② 席の順番に当てる、③ 参加者間で共有できる話題を提供する、ということです。たとえば、あるグループでは、まずファシ

---

[1] 話しかたやことばの用いかたに限らず、笑いや沈黙等も含めた会話の中でのふるまい全体を指します。

[2] LORCでは、本研修のファシリテーターを含め協働型ディスカッションのファシリテーターのべ20名以上の言語的ふるまいを、録画・録音した協働型ディスカッション談話の分析をはじめ、フィールドワークやファシリテーターへのインタビューを通して継続的に研究しています。

リテーターが詳しい自己紹介をした後、自分の隣に座っている参加者から順番に自己紹介をするように進行しています。初対面（あるいはそれに近い状態）どうしのグループで、まずファシリテーターから自己紹介をすることで場の緊張がほぐれていく様子や、ファシリテーターが詳しく（長く）話すことで、それに続く参加者達の自己紹介も自然と詳しく（長く）なっている様子が、録画データから分かります。さらに、参加者の年齢や所属には関係なく席順で当てることが、参加者が立場を超えて臨めるような平等な議論進行のきっかけとなっています。また、「昨日の夕ご飯は何を食べましたか？」「好きな色は何色ですか？」といったように、ファシリテーターが参加者に共通の質問を投げかけることで、参加者間に共有できる話題を提供しているグループも複数見られました。自己紹介の場面におけるこのようなファシリテーターのふるまいは、互いに初対面（あるいはそれに近い状態）である参加者どうしがお互いを知り合い、和んだ雰囲気で話し合いに臨めるようにという配慮の表れであると考えられます。

図表5-1　会話を書き起こす際の記号

FT	ファシリテーターを指す
…/…\…	別のひとのことばやあいづちなどが重なっているところ
＋	1秒未満の沈黙
(3.0)	3秒の沈黙
(　)	聞き取り不可能なところ
（文字）	聞き取り不明瞭なところ
？	イントネーションが上がるところ
[笑]	笑い

※なお、会話例の名前はすべて仮名を使用している

5章　協働型ディスカッションのファシリテーターとは

　続いて、アイスブレイクの後の議論で、ファシリテーターの言語的ふるまいにどのような共通点があるのか、会話例をあげながら見ていきましょう。なお、会話を書き起こす際には、**図表5-1**のような記号を用いています。

　まず、1つ目の特徴として、議論の流れを参加者に分かるように示している点があげられます。

①
1　FT：みなさんで旅行に行くということ、ことだけは決まっています。で、えー、どこに行くとか、何するとか、まぁ、いろんな、あの、旅行行こうと思ったら、決めないといけないことがあると思うんですけど、それを6人で決めましょう、というのが、このグループのテーマです。はい、よろしいでしょうか？

　①は、アイスブレイクが終わったあとの、「共有」にあたる局面で、ファシリテーターが、これから何を話し合うのかについて説明している場面です。ファシリテーターは、参加者ひとりひとりに視線を向けながら、ゆっくりとしたスピードで語りかけています。協働型ディスカッションでは、共通して、話し合いの始まりには、これから何について話し合うのかが分かりやすく参加者に説明されていました。また、この「共有」の局面で、話し合いのルールも提示されていました。話し合うテーマや話し合いのルールを説明した後、「よろしいでしょうか？」のように、参加者に確認をとるというふるまいも見られました。特にこの「共有」の局面では、ゆっくりとしたスピードのはっきりとした口調で、誰にでも分かりやすいことばで参加者に語りかけるという点が特徴的でした。

　次の例は、別の参加者の発言に変わる場面での発言です。

②
1　水野：で、ショックを受けてですね、何とかその、子ども会が主催だったんですけど、地域でえーと、「来年からはできんかね」ということを、地域の中で話題に上っています。子どもの数が少なくなったのがちょっと寂しいかなと思います。
2　FT：　はい、(1.0) ありがとうございました。はい (3.0) お願いします。
3　富田：私、あの、富田聡と申します。

　ファシリテーターは、参加者の発言後、「はい」と言って水野さんの発言の終了を示し、次の発言をうながす発言（「お願いします」）で次のひと（富田さん）の発言を促しています。また、これらの発言中に、2回沈黙しています。発言者が変わる際の「はい」ということばや沈黙には、話題転換を明示的に示す機能があります（Murata [forthcoming]）。協働型ディスカッションでは、話題が変わる際に、ファシリテーターのこういったふるまいが多く見られます。これらの使用により、議論の流れがはっきりし、参加者は議論の進行についていきやすくなります。つまり、ファシリテーターは、議論進行を明示的に参加者に示すことで、議論についていけるひととついていけないひととがいるといった不均衡な状態を避け、できるだけ平等な議論を行おうとしているのだと考えられます。

　このような公平で平等な議論を目指したふるまいは、ファシリテーターの参加者への発言権の分配にも見られます。先に述べた自己紹介の局面と同様、議論を通して、ファシリテーターは参加者に発言権を公平に割り振るように配慮しています。一例をあげてみましょう。

③
1　FT：あの、それで、あの、沢田さんと吉村さんから非常に貴重なご意見というか、まあ、普段感じられてることというのをお聞き

> したんですけれども。あの、たとえば永田さん、聞かれててどうでした？自分はどうでしたっていうのもあれなんですけども。感じられたことを、最後は皆さんから、こう、聞いてばっかりなので、あの、一言ずつお聞きして終わりたいなと思ってます。感じられたことについて、いかが。

③は参加者のうち2名に地域活動について話してもらった後のファシリテーターの発言です。もうすぐあらかじめ設定された休憩時間を迎えるため、議論が一時終了するという場面です。議論終了の予定時間が近づいているにもかかわらず、「聞いてばっかりなので、あの、一言ずつお聞きして終わりたいなと思ってます」と、まだ意見を述べていない4名が発言できるよう配慮していることがうかがえます。協働型ディスカッションでは、③と同じように、あまり発言していない参加者には、「〇〇さんはどう思われますか？」「〇〇さんの地域ではいかがでしょうか？」といったようなことばを投げかけることによって、ファシリテーターが意識的に発言を促している場面が多く見られました。

以上の特徴以外にも、議論進行役としてのファシリテーターのふるまいには、参加者ひとりひとりを公平に扱い、それぞれに配慮するような特徴が見られました。たとえば、②-2では参加者の発言に対してお礼を述べているのが分かります。また、③-1では、参加者の発言について「非常に貴重なご意見」と肯定的評価を与えています。さらに、参加者が出した意見を取り下げる際には、「この意見は大変いいんですけど、ちょっと実行不可能かもしれませんので、取り下げてもいいですか？」と、取り下げる前に意見を出した本人に声をかけるという例も多数見られました。このように、議論進行役として参加者1人1人を平等に扱い、配慮を示すというファシリテーターのふるまいは議論を通して随所に見られました。

議論の目的である、結論や合意へ導くプロセスにも、共通した特徴が見られました。それは、小さな合意を重ねて、最後の大きな結論に導くという方

法をとっていたということです。たとえば、「外国人におすすめする京都観光を提案する」というテーマで話し合っていたときに、まず、提案の日程をめぐって、宿泊をともなうかどうかについてが決められました。宿泊をともなわないと決めた後、半日なのか、1日なのか、午前なのか、午後なのかが決められました。それが決まった段階で、ファシリテーターは、日程について決まったことを参加者全員に確認しました。その後、次の小さなテーマとして、どんなテーマの観光にするかについて話し合われました。このように、大きなテーマを小分けして小さなテーマについて1つ1つ合意をとっていく、とれた合意は必ずもう一度参加者全員に確認して共有する、というていねいなプロセスを重ねることが、議論の流れを分かりやすくし、かつ公平で平等な議論へと導いていると考えられます。

● ファシリテーターは「聞き上手」

続いて、少し視点を変えて考察してみましょう。2章で、ファシリテーターにとって「聞く」ことは重要であると述べました。ファシリテーターの方々へのインタビューの中でも、よいファシリテーターの条件としてまず「聞き上手」があげられます。「聞き上手」とはいったいどういうことなのでしょうか。この問いに答えるために、聞き手としてのファシリテーターのふるまいを見ていきます。聞き手としてのふるまいにもさまざまな共通した特徴が見られます。次にいくつか例をあげながら紹介しましょう。

④
1 竹村：はい、はい。竹村雅治と言います。えー、健康福祉政策課というところにおりまして、健康づくりの企画等をやっております。(2.0) それと、(1.0) まあ個人的なことで、クラッシックギターの練習が好きです。
2 FT：　ああ、練習が好き［笑］。
3 名村：練習が［笑］

> 4 竹村： 練習というか、全然弾けませんので、今練習してるところです。
> 5 FT： ああ。じゃあ、最近、始められた？
> 6 竹村： ええ、4年ぐらい前ですかね、始めまして、ええ。
> 7 FT： 得意な曲とかあるんですか？
> 8 竹村： ないです。練習曲ぐらい。
> 9 FT： ああ、練習曲［笑］。

④は参加者の自己紹介の始まる部分です。ファシリテーターの発言に注目しましょう。2、5、9で「ああ」というあいづちが打たれ、2では「練習が好き」、9では「練習曲」といったように、それぞれ直前の竹村さんの発言を繰り返しています。また、5の「最近始められた？」や、7の「得意な曲とかあるんですか？」は、相手の話をさらに詳しく聞くための質問です。こういった質問は、一見すると「はい」や「いいえ」で答えられる「閉じた質問」に見えますが、実際には、「開いた質問」として働いています。このことは、竹村さんが「はい」や「いいえ」だけで終わらないで、さらに話を続けていることからも明らかです。あいづち、相手の発言の一部分の繰り返し、相手の話を詳しく聞くための質問は、すべて「あなたの話を聞いています、あなたの話に興味があります」という「ことばのシグナル」です（村田［2004］）。これらは、相手に親しみや関心を表す機能とともに、話の進行を助け、積極的に相手に話を進める方向へ導く機能があります（松田［1988］）。ファシリテーターは、このような「ことばのシグナル」を積極的に使うことで参加者に親しみを示しながら、話しやすい場を作っているのです。さらに、2や9の発言の最後に付加された笑いは、緊張をほぐすための笑い（laughter for defusing tension）（Murata［2009］）と呼ばれます。初対面でお互い緊張している場面で、ファシリテーターが積極的に相手に笑いかけることにより、参加者の緊張を解くという機能があります。

④では、相手の発言が終わってからあいづちが打たれていますが、発言の

途中で、「ええ」「はい」「うん」といったあいづちが打たれている例が多く見られました。次はその一例です。

⑤
1　村上：協働についてなんですけれど、あのお、言葉としてはとても好きです。響きもいいなと思うんです1/けれども\1、具体的にどうって言われると2/+\2　私も分からないところをあってですね、(1.0) 先生も（　）ですから、昼からきょう、研修でしょう。3/(　)\3 行かんといかんなって思ったんですけど[笑]、結構4/おもしろくて\4 スムーズに入っ5/きて\5 だから今がこうなんだっていうのも分かって6/良かった\6 と思いました。
2　FT：　1/うーん\1
3　FT：　2/うん\2
4　FT：　3/はい\3
5　FT：　4/はい\4
6　FT：　5/ああ\5
7　FT：　6/ふーん\6

　⑤では、ファシリテーターが頻繁に参加者の話に相の手を打っているのが分かります。そしてこれらあいづちの大部分は、村上さんの発言の最中におこっています。このような発言途中のあいづちも、先の例でみた「ことばのシグナル」です。相手にサポートしていることを示したり、思いやりを示したりする機能があります（Kita & Ide [2007]）。ファシリテーターは、参加者に、聞いているという「ことばのシグナル」を送ることで、積極的に親しみや理解を表し、連帯感を築こうとしていることが分かります。
　こういった「ことばのシグナル」には、次の例のようなファシリテーターと参加者の協働作業も見られました。

⑥
1　名村：まあ、人間関係も遊びって車のハンドルの遊びとかいいますよね。
2　FT：　うん。
3　名村：やっぱりその遊びも必要だろうし、それってやっぱり、あの、
4　FT：　まあ、余裕みたいなもんなんでしょうか。少しの、はいはい。

⑥では，ファシリテーターが、名村さんが言いかけた発言「それってやっぱり」を「余裕みたいなもん」と続けてふたりで協働して発言を構築しています。このような「完結」もこれまで出てきたあいづちや繰り返し等の「ことばのシグナル」と同じように参加者に親しみや連帯感を示す機能があるのです（水谷［1984］）。

聞き手としてファシリテーターは、参加者の話を積極的に聞き参加者の話に共感することで、参加者に親しみや連帯感を表していることが分かります。こういったふるまいによっても参加者が話しやすい場が構築されているのだと考えられます。

●そして参加者は？　議論の場は？

ここまでの考察から、ファシリテーターは、できるだけ参加者全員に分かりやすく議論を進行し、それぞれの参加者を平等に扱うように配慮していることが分かります。そして、参加者の発言には、「聞いていますよ」とか「あなたの話に共感します」という「ことばのシグナル」を出し、親しみや連帯感を示そうとしていました。こういったファシリテーターの積極的な働きかけに対し、議論の参加者はどのように反応したのでしょうか。また、議論の場にどのような変化が生じたのでしょうか。

⑦
1　山田：それと、えー、熊本っ子の話がありましたけども、昔、転校

		生の方からですね、やはり京都から来られて+
2	FT：	あ、京都から［笑］
3	山田：	熊本弁は非常に怖いと。
4	FT：	［笑］
5	山田：	ちょっと何かけんかするとですね、「(ヌシャ) 撃ち殺すけんね」って言うんですけども+
6	FT：	［笑］
7	山田：	撃ち殺すんですよ［笑］
8	FT：	［笑］
9	山田：	撃ち殺すって普通ピストルと思わるらしいんですよ。
10	FT：	思いますね［笑］

　⑦は、参加者の自己紹介の最後の部分です。自己紹介は、他の参加者たちにむけて行われるはずなのに、話が進むうちに、山田さんの視線はだんだんとファシリテーターの方向に向けられていくのが、録画された映像から分かります。そして、⑦の会話例からも分かるように、最後にはファシリテーターに向けて語りかけています。山田さんは、ファシリテーターの出身地である京都に関する話題をもちかけ、さらにその話題でおもしろおかしくエピソードを語っています。ユーモアは親しさや連帯感を示すという機能がありますが (Holmes [2006])、参加者がファシリテーターに親しみや連帯感を示そうとしていることが分かります。この場面に来るまでに、ファシリテーターが「ことばのシグナル」を用いて親しみや連帯感を示し積極的に参加者と対人関係を築こうとしています。こういった働きかけをくみとり、参加者もそれに応えようとしていると考えられます。

　会話例の後半では、山田さんのユーモアラスな語らいをめぐって、双方がともに笑いあい、その笑いが断続的に続いています。これは「仲間づくりのための笑い」(早川 [1997]) で、同じグループであるという連帯感を示します。笑いやユーモアは、会話の参加者間にラポール (心理的な共感を伴ったつ

5章 協働型ディスカッションのファシリテーターとは

ながり)が生まれたという顕著な表れで(FitzGerald [2002])、参加者とファシリテーターとのあいだにラポールが生じたと考えられます。つまり、ファシリテーターの働きかけは参加者に肯定的に受け取られ、それが対人関係の構築上プラスに働いたわけです。

では、ラポールは、ファシリテーターと各参加者のあいだにのみ生まれたのでしょうか。この点について、協働型ディスカッションに共通していたのが、⑧に見られるような変化です。

⑧
1 杉本：何か楽しさとか安心感が持てるっていうことを体感できる、これは何かすごくいいなというふうに思っているので /+\ ぜひ、あの、(イズミ　ミナミ)で、あの、そういう「町を遊ぶ」をされると、またお母さんたちが
2 FT：　/ああ\
3 吉川：あのー
4 杉本：はい。
5 吉川：ぜひ来てください。
6 全員：[笑]
7 FT：　ひとつ、協働で。
8 全員：[笑]

⑧は、議論が進んでいくにつれ参加者どうしのやりとりが生じる場面です。参加者(杉本さん)とFTの会話が続いていたところに他の参加者(吉川さん)が加わり(⑧-3)、それに続いて他の参加者達も笑うことで参加していることが分かります(⑧-6)。このように、議論が進むにつれて、参加者間のやりとりが増えていくというのが協働型ディスカッションの特徴です。

さらに、参加者の発言中に見られるあいづちも、議論の最初の方では主としてファシリテーターが行っていたのが、次第に参加者によっても積極的に

94

使われるようになっていきます。議論が進行するにつれて参加者が共に話を紡いでいくようになるのです。こういった「共話」（水谷[1993]）は、親しいあいだでの会話や、和んだ雰囲気での会話によく見られる特徴です。つまり、議論が進むにつれ、参加者どうしにもラポールが構築されていったわけです。この変化は**図表5-2**のように表すことができます。

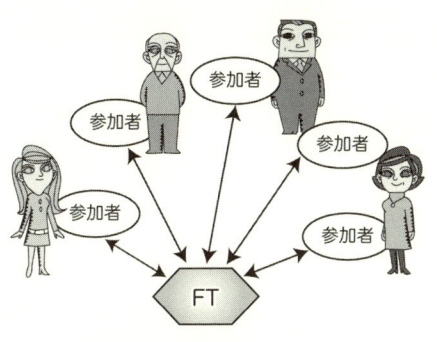

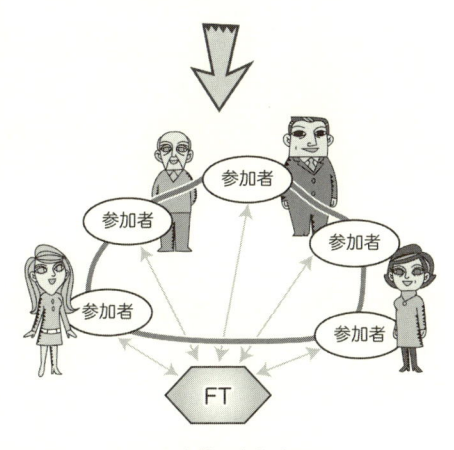

まずは、ファシリテーターと
参加者の間にラポール構築

●コミュニケーションの機能から考えてみよう

これまでの考察を踏まえて、ファシリテーターの言語的ふるまいの特徴をまとめてみましょう。

まず、話し手、つまり議論の進行役として、ファシリテーターは、参加者が議論の進行に容易についていけるよう議論の目標をはっきりと提示し、話題が変わるタイミング

それから次第に参加者間に
ラポール構築

図表5-2　ラポール構築の様子

も、参加者に分かるように積極的にことばで示しています。さらに、参加者全員に視線を配り、発言権も公平に配分するよう配慮しています。そして参加者の発言には、お礼の言葉や肯定的コメントで応答しています。これらをまとめると「参加者1人1人を意識し尊重したふるまい」であると言えるでしょう。こういったふるまいは、メンバーシップの対等性を構築し、かつ公平で平等な議論の推進に役立っているのです。

5章　協働型ディスカッションのファシリテーターとは

　一方、聞き手としてのふるまいにも多くの共通した特徴が見られました。ファシリテーターは、あいづち、共感や繰り返し等、発言を積極的に聞いていることを表す「ことばのシグナル」をひんぱんに用い、これが親しみや共感を示し、参加者間の連帯感を築く働きをしていました。これにより、参加者が積極的に議論に参加できるような、より発言しやすい場が生まれていたわけです。

　協働型ディスカッションのファシリテーターに共通して見られた言語的ふるまいを、コミュニケーションの機能という観点から考えてみましょう。コミュニケーションは、もちろん情報を効率的に伝達する機能が重要であることは言うまでもありません。しかし、これと同じくらい大切なのが、ひととひとをつなぐ機能です。

　たとえば、授業中に先生が「次の授業は休講です」と言った場合は、「次回は休講で授業がない」という情報を学生たちに伝えるために発言されたと考えるのが一般的です。一方、次のような場合はどうでしょうか。新学期が始まって初めての授業です。教室で席に座って先生を待っています。隣に座っているのは、これまで話したことのないひとでした。ぼうっとして待っていると、隣のひとが「今日、暑いですね。先生来るの遅いし、待ってるの退屈ですよね」と話しかけたとしましょう。このひとは、「今日は暑い」ということや「先生が来るのが遅い」といった情報を伝達するためにあなたに話しかけたのでしょうか。もちろんそういった理由もあったのかもしれませんが、「今日は暑い」ことや「先生がくるのが遅い」といったことがあなたと共有できるトピックであると考え、あなたに話しかけてきたのではないでしょうか。つまり、「あなたとつながりを持ちたい」から話しかけたと考えられますね。このように、コミュニケーションの機能は、ひととひとをつなぐ役割があるのです。

　こういった観点で、ファシリテーターのふるまいをふりかえってみましょう。ファシリテーターに共通して見られた言語的ふるまいは、参加者1人1人を公平に扱い、1人1人に配慮したふるまいや、参加者に共感や親しみを

示すようなふるまいでした。こういったふるまいによって、対等なメンバーシップが構築され、グループのメンバー間で連帯感やラポールが生まれました。言いかえれば、これらはすべて「ひととひとをつなげる」という役割を担っているのです。効率的な情報の授受が主たる目的だと考えられる議論の場で、本来なら付加的・周辺的役割を担うと考えられる対人関係の構築に関わるふるまい(「ひととひとをつなげる」機能を持つふるまい)が、協働型ディスカッションでは非常に重要な役割を担っているということが分かります。

初対面(あるいはそれに近い状態)どうしのグループ内で、まずファシリテーターと各参加者間のラポールが築かれ、それが参加者間のラポール構築へとつながっています。ファシリテーターの積極的な働きかけは、議論の場の緊張感を緩和させるばかりでなく、心地よい場・発言しやすい場の構築に有効に機能しています。そして和んだ雰囲気の話し合いの場が、活発で率直な議論を行う素地となっているわけです。

対話や議論における〈つなぎ・ひきだす〉とは、参加者のあいだに対等なメンバーシップを築き、グループ内のラポールや連帯をうみだすことで、意見や理解を引き出しやすい場を作っていくことなのです。

(2) 議論のプロセスについて

続いて、獲得目標3に掲げている、議論のプロセスについてふりかえりましょう。2章で詳しく説明したように、ワークショップの議論は、大きく4つの局面(「場のデザイン」「拡散」「構造化」「合意形成・まとめ」)から成り立っていました。もう一度確認しておきましょう。

「場のデザイン」では、(自己紹介やゲームを取り入れた)アイスブレイクに続いて、これからの議論で何をするかや、議論のグランドルールをみんなで確認し共有しました。話し合いの場づくりの後は、参加者が自由な発想で、アイデアを出し合う「拡散」に入ります。ここでは、多様なアイデアを「受け止め」できるだけたくさん「引き出す」ことが重要です。つづいて、出され

た意見をかみあわせ整理する「構造化」がありました。最後に、まとめ、分かちあう「合意形成」で議論を終了します。

●研修ではどのようにして議論のプロセスを意識したんだろう
　研修では、それぞれのグループによる議論の後に、ふりかえりの議論を行いました。議論参加者と観察者が一緒になって、時間軸に沿って議論の流れや、ファシリテーター及び参加者のふるまいについて詳しく分析しました。参加者からの感想でもっとも多かったのが、「議論にプロセスがあるなんて今まで意識したことがなかった」というものです。話し合っているときには気づかなかったことが、その話し合いを詳しくふりかえることで、いろいろと見えてくるのです。他の参加者のふるまいや、ファシリテーターのふるまいを通して、議論の参加者としての自分のふるまいを反省することもあるでしょう。こういったトレーニングを通して、あらためて「いい議論とは何か」ということを皆で考えることができるのです。
　さらに、ロールプレイで自分がファシリテーター役をすることで、議論のプロセスを体感することができます。ロールプレイについては「とにかく話し合っていれば、いつの間にか結論に行きつくと思っていたが、それは違うということがよく分かった」「話し合いを経験することがうまくなることにつながると思っていたがそれは違うということがよく分かった」「時間を決めて結論に持っていくという練習を繰り返すことによって、どれくらいのテーマならどれくらいの時間が必要だという感覚が身に着く」といったコメントがありました。この研修を通して、自分がファシリテーターとして参加する話し合いでは、結論に至るまでの（予定）時間内で、各局面をどれくらいの時間で終えなければならないか、あらかじめイメージをすることができるようになるでしょう。
　議論のプロセスを可視化するのに役に立っていたのが、ホワイトボードです。日常の話し合いでは、「いつの間にか思いもよらない結論に至っていた」とか「一生懸命発言した私の意見はいったいどこに行ったんだろう」と感じ

ることがよくあります。この研修では、それぞれの意見を参加者全員に見えるように記録し、結論に至るプロセスも図式化します。こういった方法をとることで、どのようにして結論に至ったのか、参加者全員が共有できるので

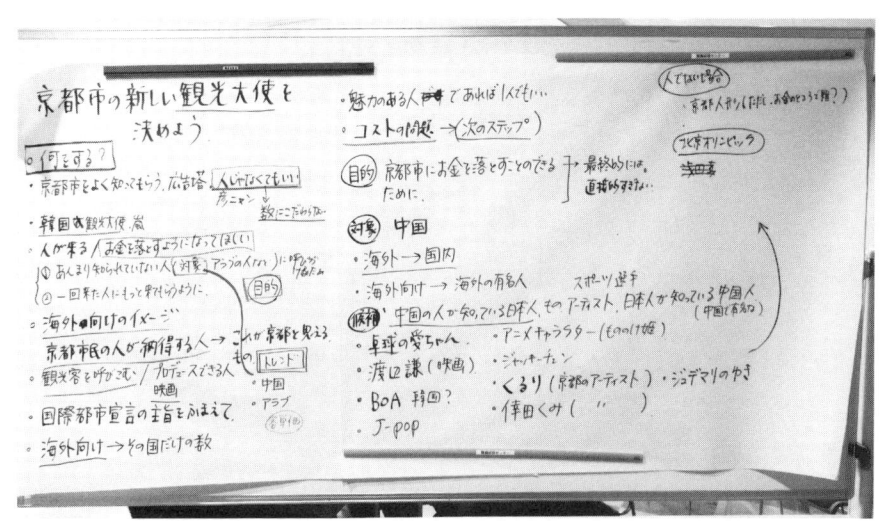

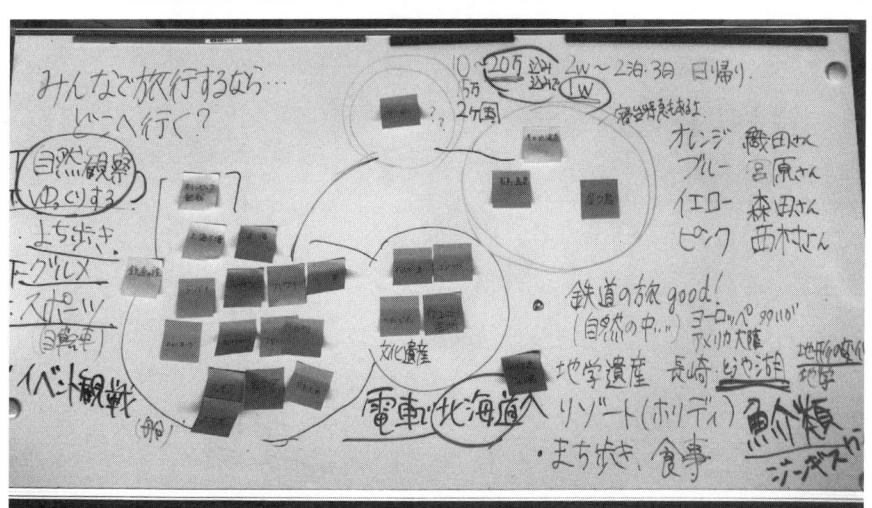

図表5-3　グループ議論の内容をまとめた例

す。各参加者の意見を1つ1つ糊つき付せん紙に記入する方法をとっているグループもありました。付せん紙の使用は時間がかかるというディメリットはあるものの、付せん紙に1つ1つ意見を書くことで、自分の意見をグループ化したり、まとめたりすることができるというメリットがあります。

単に議論を繰り返すことだけでは、議論のプロセスを意識することはできません。議論の実施と観察を通して、議論にはプロセスがあることに気づき、さらにファシリテーター役を実践することで、それを体感することができるのです。こういった2段階のステップによって、〈つなぎ・ひきだす〉ファシリテート能力育成プログラムの3つ目の獲得目標である「議論のプロセスへの意識づけ」が達成されるのです。

(3)〈つなぎ・ひきだす〉議論の参加者として

●協働型ディスカッションの特徴は？

最後に4つ目の獲得目標である「対話・議論の能力の理念とスキル」について考えましょう。この研修で想定する話し合いは「協働型ディスカッション」です。「協働型ディスカッション」の特徴とは何かを分かりやすくするために、他の話し合いと比較してみます。次の表は、協働型ディスカッションとビジネスミーティング、ワールド・カフェ／サイエンス・カフェ[3]との比較です。

図表5-4から分かるように、協働型ディスカッションと他の話し合いの違いは、参加者間の関係にあります。たとえば、ワールド・カフェやサイエンス・カフェでは、議論の目的は効率的な情報や意見の交換であって、基本的には、将来にわたって参加者どうしが理解しあい協力する必要性はありません。また、ビジネスミーティングは、社内や部内といった同じセクターのメ

---

3 ワールド・カフェとは、あるテーマについて少人数で議論し、他グループのメンバーとシャッフルして議論を続けながら大勢の参加者の意見交換を行う手法です。サイエンス・カフェとは、科学技術に関する話題について、カフェのような雰囲気の中で、市民と科学技術の専門家が語り合う手法です。

図表5-4 協働型ディスカッションとビジネスミーティング、ワールド・カフェ/サイエンス・カフェとの比較

議論タイプ	参加者間の関係の特徴	目的・目標
協働型ディスカッション	・さまざまなセクターに属し、立場や価値観が異なる ・その地域に関わるという点は共通している ・継続的な協力の必要性	・意見交換を通した地域の課題の発見 ・意見交換を通した政策立案
ビジネスミーティング	・利益関係がある場合が多い ・社会的地位がはっきりしている ・社内、部内といったセクター内のメンバー	・交渉や課題発見や解決(利益優先)
ワールド・カフェ サイエンス・カフェ	・見知らぬひとどうし ・知り合いになる必要はない	・意見や情報交換

ンバーによって構成されている場合が多く、すでに社会的地位が確立し、メンバー間の関係もある程度構築されていると考えられます。さらに、それぞれの社会的地位や立場を背景に話し合いが行われることが多いでしょう。一方、協働型ディスカッションは、セクターを超えた価値観や利害の異なるひとびとによって行われ、議論の参加者たちが、将来にわたり立場を超えてつながり協力していく必要がある場合が多いでしょう。こういった特徴も協働型ディスカッションに見られるファシリテーターの言語的ふるまいに反映されていると考えられます。

●グランドルールの有効性

協働型ディスカッションでは、議論を始める前にグランドルールを提示するということが頻繁に見られました。2章で紹介したグランドルールをもう一度振り返ってみましょう[4]。

こういったルールを提示することで、話し合いが楽になったと感じたので

---

[4] もちろん図表5-5にあげるルールだけがグランドルールというわけではありません。話し合いのルールは他にも考えられるでしょう。

5章　協働型ディスカッションのファシリテーターとは

```
┌─────── グランドルール ───────┐
│ ・相手を批難しない  ・ひとの話をよく聞く   │
│ ・意見を否定しない  ・少数意見を大切にする │
│ ・肩書きや立場を忘れる ・楽しむ          │
│ ・ぐち・文句を言わない ・主体的に参加する  │
│ ・無理をしない                      │
└──────────────────────────┘
```

図表5-5　グランドルール（図表2-3再掲）

はないでしょうか。1人だけ話し続けたりするひと、相手を非難ばかりするひとがずいぶん減ったのではないでしょうか。また、発言するとき、ルールを意識するという場合も多かったのではないでしょうか。「議論」は一種のゲーム（あるいは試合）です。それぞれの参加者がばらばらのルールで進行すれば、議論の場の収集がつかなくなる危険性もあるのです。逆に、参加者が共通のルールで同じ議論テーブルを囲めば、議論も自然とスムーズに進むのです。特に、協働型ディスカッションにおいては、参加者どうしが初対面（あるいは初対面に近い状態）である場合が多く、そのバックグラウンドも多彩です。それぞれの参加者がこれまでに行ってきた話し合いの進め方も違うだろうし、だからこそ（目に見えては提示されてはこなかっただろうけれど）それぞれの参加者が持っている暗黙の話し合いのルールも違うはずです。なので、話し合いを始める前に、明示的にはっきりと分かりやすいことばで（参加者全員が納得できるような）話し合いのルールを提示することによって、議論の交通整理がしやすくなるわけです。

● 「パーティシパント・シップ」の重要性

　ルールを守って議論を進めていくのは、誰でもない議論の当事者である参加者1人1人です。〈つなぎ・ひきだす〉ファシリテート能力育成プログラム

の実施を通して明らかになったのは、協働型ディスカッションを進めるためには、議論参加者としての「パーティシパント・シップ」(participant-ship: 誠実に積極的に参加する態度) が必要であるということです。ファシリテーターがどんなにがんばってもそれだけでは不十分で、議論の進行や合意獲得において、「パーティシパント・シップ」が重要な役割を担うのです。

たとえば、「グループで旅行に行くとしたらどんな旅行にするか」というテーマの議論において、多様な意見が出されなかなかまとまらない状況がありました。その際、ある参加者が、「個人個人ではいろんな案があるだろうが、まずは6人で一緒に行くということを考えよう」と結論を導くための優先条件を提示しました。これがきっかけとなり、参加者は個人個人の意見を主張することをやめ、協力して提示された条件にあう旅行案を考え合意に至ったという例があります。また、別のグループで、ある参加者が自分の意見を誇示しようとする場面がありました。その際、他の参加者が、その参加者の意見について「それはとてもよくわかる」といったような肯定的コメントを繰り返した後「でも現実的に考えてみよう」と方向性を示しました。これがきっかけとなって自分の意見を固持していた参加者も折れ、結論にむかいました。こういった場面では、ファシリテーターだけではなく、参加者の積極的な配慮や働きかけが議論に大きな影響を与えていることが分かります。参加者がファシリテーターの手助けをして、議論を進行したり結論に導いたりする例は、これら以外にも多く見られました。

〈つなぎ・ひきだす〉ファシリテート能力育成プログラムで行われた協働型ディスカッションは、地域の現実の問題についての議論ではないため、合意に到達するのも簡単だったと言えるかもしれません。現実の問題解決や政策立案には、参加者間の利害も対立するため、議論進行もたやすくなく、合意を得ることも難しいでしょう。しかし、全参加者が手放しで賛成したとまでは至らなくとも、議論や対話を重ねることで、自分たちが考え話し合って出した結果であるから、つまり主体的に参加したからと納得のうえ合意に至ったというケースは、2章で紹介された「電柱地中化の話」のように実際に

5章　協働型ディスカッションのファシリテーターとは

よく見られることです。話し合いの参加者たちが、それぞれ、最初から結論なんて得られるはずがない、自分の意見だけ主張すればよい、といった態度で話し合いに臨んでは、合意に至るはずがありません。協働型ディスカッションに必要なルールや作法、議論参加者としてとるべき態度を身に付け、誠実な態度で話し合いに臨むことが、実りある対話や議論をうみだすベースとなるのです。

〈つなぎ・ひきだす〉機能とその方法としての対話・議論の重要性を理念または実践において理解し、そのためのふるまいや姿勢をとりうる参加者は、明示されなくとも〈つなぎ・ひきだす〉関係を促進する「影のファシリテーター」たちとして重要な役割を担うのです（土山 [2010]）。そしてこういった参加者の育成もまたファシリテーター育成同様、地域公共人材育成には欠かせない側面だと言えるでしょう。

● 〈つなぎ・ひきだす〉議論・〈つなぎ・ひきだす〉コミュニケーション能力

協働型社会を担う人材には、対話や議論を通して多様なひとびとを〈つなぎ〉理解や共感を〈ひきだす〉コミュニケーション能力が必要です。協働型ディスカッションの目的は、単に話し合って結論を導き出すということではなく、話し合いの参加者間にラポール（心理的共感をともなったつながり）を構築し、それぞれの立場を超えて協力して課題を解決したり政策を立案したりすることにあるのです。〈つなぎ・ひきだす〉議論とは、立場・価値観・利害関係、（当該課題についての）知識量を超えて多様なひとびとを平等に〈つなぎ〉、その関係性からひとびとが持つ能力や資質・意見を〈ひきだし〉、共有・発見・（納得できる・譲歩できる）結論を〈ひきだす〉議論と言えるでしょう。

（4）〈つなぎ・ひきだす〉ファシリテート能力育成プログラムを通して伝えたかったこと

プログラムに参加いただいた方から、次のような質問を受けることがあります。「沈黙は何秒くらいがふさわしいのでしょうか？」「だいたいどれくらいの頻度であいづちを打てばいいのでしょうか？」こういった質問を受けると、伝えたかったことが伝わってなかったということが分かり、説明の仕方が悪かったと反省します。そこで、あらためて、研修を通して何を伝えたかったのかを示すことでこの章を閉じたいと思います。

　〈つなぎ・ひきだす〉ファシリテート能力育成プログラムを通して伝えたかったのは、「あいづちを打つこと」や、「話題の変わり目には沈黙を置くこと」や、「話題の変わり目には『はい』『では』といったような言葉を入れること」といったスキルが大切だということではありません。

● どうしてファシリテーターのふるまいには共通点があるの？
　この章では、ファシリテーターに共通して見られる言語的ふるまいの特徴をあげました。これらは、ファシリテーターが会話の訓練を受けて、それに従って皆が意識的・積極的に使用したから「共通して特徴的」になったのではありません。考察結果をお話すると、ファシリテーターの方々は、決まって、「今まで気づきませんでした」「そんな話し方してるんですね」と驚かれます。

　ではなぜファシリテーターの方々のふるまいに同じような特徴が見られたのでしょうか？　ひとつヒントがあります。これまで考察させていただいたファシリテーターの方々は、みなさんまちづくりに積極的に関わり活躍されてらっしゃいます。どうしたら地域社会がよくなるのか、ということを真剣に考え、意欲的に活動を行っておられます。セクターを超えたひとびとと共にお仕事をされる機会も多いのですが、みなさん、まわりの方々への気遣いがとても細やかです。

　ここで、もう一度質問に戻りましょう。どうして、ファシリテーターの方々の言語的ふるまいに共通点が見られたのでしょうか。それはみなさん共通したマインド、つまりこの研修がめざす〈つなぎ・ひきだす〉マインドをお持ちだからではないでしょうか。彼らのマインドが、ひとびとのあいだに

5章　協働型ディスカッションのファシリテーターとは

ラポールを築くような（つまり〈つなぎ・ひきだす〉ような）言語的なふるまいとなって表れたのではないでしょうか。

● 〈つなごう・ひきだそう〉という「マインド」です
〈つなぎ・ひきだす〉ファシリテート能力育成プログラムを通して伝えたかったこと、それは、

・〈つなぎ・ひきだす〉（〈つなぎ・ひきだそう〉）というマインドを持って、ファシリテーターとしてそして参加者として議論に参加してください

ということなのです。
　社会を担っていくのは、何よりも「ひと」です。1人1人の力は微力かもしれませんが、決して無力ではありません。わたしたちがファシリテーターの方々や参加者のみなさまと共に作ってきた〈つなぎ・ひきだす〉ファシリテート能力育成プログラムが、これからの参加・協働型社会を担う地域公共人材育成の一助となれば幸甚です。

参考文献

今川晃・山口道昭・新川達郎（編）［2005］『地域力を高めるこれからの協働―ファシリテータ育成テキスト』 第一法規.

大塚裕子・森本郁代（編著）［2011］『話し合いトレーニング―伝える力・聴く力・問う力を育てる自律型対話入門』ナカニシヤ出版.

大塚裕子・森本郁代・水上悦雄・富田英司・山内保典・柏岡秀紀［2009］「科学技術コミュニケーションにおける対話のデザイン―自律型対話の実践に向けて―」『人工知能学会誌』vol. 24, No. 1, pp. 78-87.

白石克孝・新川達郎・斎藤文彦（編）［2011］『持続可能な地域実現と地域公共人材―日本における新しい地平』日本評論社.

地域公共人材開発機構［2010］『協働型ファシリテート能力育成研修報告書』未公刊資料.

土山希美枝［2005］『地域人材を育てる自治体職員研修改革』公人の友社.

土山希美枝［2008］『市民と自治体の協働研修ハンドブック―地域が元気になるパートナーシップのために』公人の友社.

土山希美枝・大矢野修（編著）［2008］『地域公共政策をになう人材育成』日本評論社.

土山希美枝［2010］「他機関連携は可能か？政策主体と〈つなぎ・ひきだす〉関係の形成 『龍谷大学矯正・保護研究センター年報』（特集 DARS(Drug Addiction Recovery Support)の理論と実践）Vol.7, pp.87-98.

中野民夫［2001］『ワークショップ―新しい学びと創造の場―』岩波新書.

早川治子［1997］「笑いの意図と談話展開機能」『現代日本語研究会（編), 女性のことば・職場編』(pp. 175-195). ひつじ書房.

堀公俊［2004］『ファシリテーション入門』日経文庫.

松田陽子［1988］「対話の日本語教育学―あいづちに関連して―」『日本語学』7(13), pp. 59-66.

水谷信子［1984］「日本語教育と話しことばの実態―あいづちの分析―」『金田一晴彦博士古希記念論文集』第二巻 (pp. 261-279). 三省堂.

水谷信子［1993］「共話から対話へ」『日本語学』12(4), pp. 4-10.

村田和代［2004］「第2言語語用能力習得に与える影響と効果―ポジティブポライトネス指導を通して―」『語用論研究』6, pp. 57-70.

村田和代［2009］「協働型ディスカッションにおけるファシリテーターの役割―言語

参考文献

　　の対人関係機能面からの考察－」『社会言語科学会第23回大会発表論文集』pp.52-55.

龍谷大学地域人材・公共政策開発システムオープン・リサーチ・センター（LORC）［2010a］『京都市政策形成研修〈つなぎ・ひきだす〉ファシリテーション研修報告書』未公刊資料.

龍谷大学地域人材・公共政策開発システムオープン・リサーチ・センター（LORC）［2010b］『2009年度 年次報告書』.

龍谷大学地域人材・公共政策開発システムオープン・リサーチ・センター（LORC）［2011］『2010年度 年次報告書』.

FitzGerald, Helen.［2002］, *How Different Are We? : Spoken Discourse in Intercultural Communication*, Clevedon: Multilingual Matters.

Holmes, Janet.［2006］, *Gendered Talk at Work: Constructing Gender Identity through Workplace Discourse*, New York, Oxford: Blackwell.

Kita, Sotaro, and Ide, Sachiko［2007］, "Nodding, Aizuchi, and Final Particles in Japanese Conversation: How Conversation Reflects the Ideology of Communication and Social Relationships," *Journal of Pragmatics*, 39, pp. 1242-1254.

Murata, Kazuyo［2008］, "Politeness Theory: Its Trend and Development," *The Ryukoku Journal of Humanities and Sciences*, 29-2, pp. 1-13.

Murata, Kazuyo［2009］, "Laughter for Defusing Tension: Examples from Business Meetings in Japanese and in English," In Hattori et al. (eds), *New Frontiers in Artificial Intelligence*. Heidelberg: Springer. pp. 294-305.

Murata, Kazuyo.［forthcoming］, "Relational Practice in Meeting Discourse in New Zealand and Japan: A Cross-Cultural Study," Unpublished PhD Thesis, Victoria University of Wellington, New Zealand.

おわりに

　このブックレットは、龍谷大学地域人材・公共政策開発システムオープン・リサーチ・センターの2003年から2011年にわたる第2班の共同研究のなかで、とくに後半2007年ごろからの研究成果として生まれました。

　セクターを超えた多様なひとびとが地域の課題について議論することの必要性から構想し2005年に初めて試行した「協働研修」。その実践から「ファシリテーター」の重要性が明らかになりました。さらに議論を進めるなかで、重要なのは「ワークショップのファシリテーター役」なのではなく、ファシリテーターが対話・議論にあたって果たす機能なのだということが分かってきました。私たちはその機能に〈つなぎ・ひきだす〉という名前をつけ、その素養やふるまいや能力をどうやってつけることができるかということを考え、研修プログラムを2009年に開発、試行しました。プログラムは高い評価を得て、研修や大学院での演習で実践されています。

　協働研修と〈つなぎ・ひきだす〉ファシリテート能力研修、それを生みだし実践していく研究の過程は、多くのかたの支えがなくてはありえない過程でした。著者らも所属するLORC2班の研究員のみなさんはもとより、研究会に参加して下さったオブザーバーのみなさん、優れたファシリテートを提供しつづけて下さるきょうとNPOセンターさん。本書の源流とも言える協働研修の試行に協力して下さった熊本市、滋賀県草津市・大津市・守山市、大阪府寝屋川市の関係者と参加者のみなさん、〈つなぎ・ひきだす〉プログラムの開発と実践に協力していただいた北海道滝川市、亀岡市と龍谷大学NPO・地方行政研究コース、京都市の関係者と参加者のみなさんに改めてお礼を申し上げたいと思います。
　そして、なくてはならないものがLORCのスタッフの力でした。とくに、

おわりに

リサーチ・アシスタントの若林正秋さん（2007 ～ 2009）、野口寛貴さん（2009 ～）には研修の企画と運営、野口さんにはブックレットの作成にも貢献いただきました。また、龍谷大学研究部でLORCを担当する谷村知佐子さんには、さまざまなご無理を調整していただきました。協働研修の発案者でもある富野暉一郎前センター長、白石克孝センター長には、実験的なとりくみを応援していただきました。改めて感謝申し上げます。

本書の出版にあたっては、公人の友社の武内英晴氏に大変お世話になりました。いつもながらわがままな依頼にお応えいただいていること、とくに記して深謝申し上げます。

LORCとその研究成果、その一部である本ブックレットが、〈つなぎ・ひきだす〉経験と蓄積の豊かな社会となるための一助となることを願いつつ。

●著者紹介

土山希美枝（つちやま・きみえ）…1章、3章、4章
　法政大学大学院社会科学研究科政治学専攻博士課程修了。政治学博士。2001年龍谷大学法学部助教授として着任。職名変更により2007年より准教授。2011年4月、政策学部の新設にともない異動、現在に至る。専門は公共政策論、政治学、地方自治。
　主著に『高度成長期「都市政策」の政治過程』(2007) 日本評論社、2007）、『市民と自治体の協働研修ハンドブック』(2008) 公人の友社、共編著『地域公共政策をになう人材育成』(2008) 日本評論社など。

村田　和代（むらた・かずよ）…5章
　奈良女子大学大学院人間文化研究科博士課程単位取得。ニュージーランド国立ビクトリア大学言語学科 PhD candidate。専門は社会言語学。2001年より龍谷大学講師、2004年より助教授、2007年学校教育法の改正により准教授、現在に至る。
　主著に、"Laughter for Defusing Tension: Examples from Business Meetings in Japanese and in English"（2009）*New Frontiers in Artificial Intelligence* (Springer)、『英語談話表現辞典』(2009) 共著（三省堂）

深尾　昌峰（ふかお・まさたか）…2章
　滋賀大学大学院修士課程修了。大学時代からボランティア活動に参加し同大学院に進学。大学在学中に特定非営利活動法人きょうとNPOセンターの設立に参画、事務局長に就任（現在、常務理事）。またNPO法人京都コミュニティ放送局を設立、事務局長を兼務（現在、副理事長）。2009年に公益財団法人京都地域創造基金理事長。2010年に龍谷大学法学部准教授、2011年4月1日から同大学政策学部准教授、現在に至る。
　主著に、「地域政策をになう人材育成の模索と課題　市民社会セクターを支えるための人材育成」『地域公共政策をになう人材育成』(2008) 日本評論社

●コラム寄稿

野池　雅人	（のいけ・まさと）	（特活）きょうとNPOセンター	事務局長
田口　美紀	（たぐち・みき）	同上	事務局次長
内田　香奈	（うちだ・かな）	同上	プロジェクト・マネージャー

本ブックレットのイラストには、㈱NECビッグローブBB-WAVE (http://bb-wave.biglobe.ne.jp/) 提供の素材を使っています。

「地域ガバナンスシステム・シリーズ」発行にあたって

日本は明治維新以来百余年にわたり、西欧文明の導入による近代化を目指して国家形成を進めてきました。しかし今日、近代化の強力な推進装置であった中央集権体制と官僚機構はその歴史的使命を終え、日本は新たな歴史の段階に入りつつあります。

時あたかも、国と地方自治体との間の補完性を明確にし、地域社会の自己決定と自律を基礎とする地方分権一括法が世紀の変わり目の二〇〇〇年に施行されて、中央集権と官主導に代わって分権と官民協働が日本社会の基本構造になるべきことが明示されました。日本は今、新たな国家像に基づく社会の根本的な構造改革を進める時代に入ったのです。

しかしながら、百年余にわたって強力なシステムとして存在してきたガバメント（政府）に依存した社会運営を、主権者である市民と政府と企業との協働を基礎とするガバナンス（協治）による社会運営に転換させることは容易に達成できることではありません。特に国の一元的支配と行政主導の地域づくりによって二重に官依存を深めてきた地域社会においては、各部門の閉鎖性を解きほぐし協働型の地域社会システムを主体的に創造し支える地域公共人材の育成や地域社会に根ざした政策形成のための、新たなシステムの構築が決定的に遅れていることに私たちは深い危惧を抱いています。

本ブックレット・シリーズは、ガバナンス（協治）を基本とする参加・分権型地域社会の創出に寄与し得る制度を理念ならびに実践の両面から探求し確立するために、地域社会に関心を持つ幅広い読者に向けて、様々な関連情報を発信する場を提供することを目的として刊行するものです。

二〇〇五年三月

龍谷大学　地域人材・公共政策開発システム
オープン・リサーチ・センターセンター長　富野　暉一郎

地域ガバナンスシステム・シリーズ　No.15
対話と議論で〈つなぎ・ひきだす〉ファシリテート能力育成ハンドブック

2011年3月31日　初版発行　　　　　定価（本体１，２００円＋税）

　著　者　　土山希美枝／村田和代／深尾昌峰
　発行人　　武内英晴
　発行所　　公人の友社
　　　　　　〒112-0002　東京都文京区小石川５－26－８
　　　　　　ＴＥＬ 03-3811-5701
　　　　　　ＦＡＸ 03-3811-5795
　　　　　　Ｅメール info@koujinnotomo.com
　　　　　　http://www.koujinnotomo.com

No.112
「小さな政府」論とはなにか
牧野富夫　700円

No.113
栗山町発・議会基本条例
橋場利勝・神原勝　1,200円

No.114
北海道の先進事例に学ぶ
宮谷内留雄・安斎保・見野全・佐藤克廣・神原勝　1,000円

No.115
地方分権改革のみちすじ
―自由度の拡大と所掌事務の拡大―
西尾勝　1,200円

No.116
転換期における日本社会の可能性
―維持可能な内発的発展―
宮本憲一　1,000円

No.62 機能重視型政策の分析過程と財務情報　宮脇淳　800円

No.63 自治体の広域連携　佐藤克廣　900円

No.64 分権時代における地域経営　見野全　700円

No.65 町村合併は住民自治の区域の変更である。　森啓　800円

No.66 自治体学のすすめ　田村明　900円

No.67 市民・行政・議会のパートナーシップを目指して　松山哲男　700円

No.69 新地方自治法と自治体の自立　井川博　900円

No.70 分権型社会の地方財政　神野直彦　1,000円

No.71 自然と共生した町づくり　宮崎県・綾町　森山喜代香　700円

No.72 情報共有と自治体改革　ニセコ町からの報告　片山健也　1,000円

No.73 地域民主主義の活性化と自治体改革　山口二郎　600円

No.74 分権は市民への権限委譲　上原公子　1,000円

No.75 今、なぜ合併か　瀬戸亀男　800円

No.76 市町村合併をめぐる状況分析　小西砂千夫　800円

No.78 ポスト公共事業社会と自治体政策　五十嵐敬喜　800円

No.80 自治体人事政策の改革　森啓　800円

No.82 地域通貨と地域自治　西部忠　900円

No.83 北海道経済の戦略と戦術　宮脇淳　800円

No.84 地域おこしを考える視点　矢作弘　700円

No.87 北海道行政基本条例論　神原勝　1,100円

No.90 「協働」の思想と体制　森啓　800円

No.91 協働のまちづくり　三鷹市の様々な取組みから　秋元政三　700円 [品切れ]

No.92 シビル・ミニマム再考　ベンチマークとマニフェスト　松下圭一　900円

No.93 市町村合併の財政論　高木健二　800円

No.95 市町村行政改革の方向性　～ガバナンスとNPMのあいだ　佐藤克廣　800円

No.96 創造都市と日本社会の再生　佐々木雅幸　800円

No.97 地方政治の活性化と地域政策　山口二郎　800円

No.98 多治見市の政策策定と政策実行　西寺雅也　800円

No.99 自治体の政策形成力　森啓　700円

No.100 自治体再構築の市民戦略　松下圭一　900円

No.101 維持可能な社会と自治　～『公害』から『地球環境』へ　宮本憲一　900円

No.102 道州制の論点と北海道　佐藤克廣　1,000円

No.103 自治体基本条例の理論と方法　神原勝　1,100円

No.104 働き方で地域を変える　～フィンランド福祉国家の取り組み　山田眞知子　800円

No.107 公共をめぐる攻防　～市民的公共性を考える　樽見弘紀　600円

No.108 三位一体改革と自治体財政　岡本全勝・山本邦彦・北良治・逢坂誠二・川村喜芳　1,000円

No.109 連合自治の可能性を求めて　サマーセミナー in 奈井江　松岡市郎・堀則文・三本英司・佐藤克廣・砂川敏文・北良治 他　1,000円

No.110 「市町村合併」の次は「道州制」か　高橋彦芳・北良治・脇紀美夫・碓井直樹・森啓　1,000円

No.111 コミュニティビジネスと建設帰農　松本懿・佐藤吉彦・橋場利夫・山北博明・飯野政一・神原勝　1,000円

都市政策フォーラム ブックレット
（首都大学東京・都市教養学部 都市政策コース　企画）

No.1 「新しい公共」と新たな支え合いの創造へ —多摩市の挑戦—
首都大学東京・都市政策コース　900円 [品切れ]

No.2 景観形成とまちづくり —「国立市」を事例として—
首都大学東京・都市政策コース　1,000円

No.3 都市の活性化とまちづくり —「制度設計から現場まで」—
首都大学東京・都市政策コース　1,000円

No.4 構造改革時代の手続的公正と第2次分権改革 手続的公正の心理学から
鈴木庸夫　1,000円

No.5 自治基本条例はなぜ必要か
辻山幸宣　1,000円

No.6 自治のかたち法務のすがた 政策法務の構造と考え方
天野巡一　1,100円

No.7 自治体再構築における行政組織と職員の将来像
今井照　1,100円

No.8 持続可能な地域社会のデザイン
植田和弘　1,000円

No.9 政策財務の考え方
加藤良重　1,000円

No.10 市場化テストをいかに導入するべきか ～市民と行政
竹下譲　1,000円

No.11 市場と向き合う自治体
小西砂千夫・稲沢克祐　1,000円

TAJIMI CITY ブックレット

No.2 転型期の自治体計画づくり
松下圭一　1,000円

No.3 これからの行政活動と財政
西尾勝　1,000円

地方自治土曜講座ブックレット

No.2 自治体の政策研究
森啓　600円

No.22 地方分権推進委員会勧告とこれからの地方自治
西尾勝　500円

No.34 政策立案過程への「戦略計画」少子高齢社会と自治体の福祉法務
加藤良重　400円

No.42 改革の主体は現場にあり
山田孝夫　900円

No.43 自治と分権の政治学
鳴海正泰　1,100円

No.44 公共政策と住民参加
宮本憲一　1,100円

No.45 農業を基軸としたまちづくり
小林康雄　800円

No.46 これからの北海道農業とまちづくり
篠田久雄　800円

No.47 自治の中に自治を求めて
佐藤守　1,000円

No.48 介護保険は何を変えるのか
池田省三　1,100円

No.49 介護保険と広域連合
大西幸雄　1,000円

No.50 自治体職員の政策水準
森啓　1,100円

No.51 分権型社会と条例づくり
篠原一　1,000円

No.52 自治体における政策評価の課題
佐藤克廣　1,000円

No.53 小さな町の議員と自治体
室崎正之　900円

No.54 改正地方自治法とアカウンタビリティ
鈴木庸夫　1,200円

No.56 財政運営と公会計制度
宮脇淳　1,100円

No.59 環境自治体とISO
畠山武道　700円

No.60 転型期自治体の発想と手法
松下圭一　900円

No.61 分権の可能性 スコットランドと北海道
山口二郎　600円

No.46 地方財政健全化法で財政破綻は阻止できるか
——夕張・篠山市の財政運営責任を追及する
高寄昇三 1,200円

No.47 地方政府と政策法務
——市民・自治体職員のための基本テキスト
加藤良重 1,200円

No.48 政策財務と地方政府
——市民・自治体職員のための基本テキスト
加藤良重 1,400円

No.49 政令指定都市がめざすもの
高寄昇三 1,400円

No.50 良心的裁判員拒否と責任ある参加
～市民社会の中の裁判員制度～
大城聡 1,000円

No.51 討議する議会
——自治のための議会学の構築をめざして——
江藤俊昭 1,200円

No.52 大阪都構想と橋下政治の検証
——府県集権主義への批判——
松下圭一 1,200円

No.53 虚構・大阪都構想への反論
——橋下ポピュリズムと都市主権の対決——
高寄昇三 1,200円

No.54 大阪市存続・大阪都粉砕の戦略
——地方政治とポピュリズム——
高寄昇三 1,200円

No.55 地方政府と政策法務
——市民・自治体職員のための基本テキスト
加藤良重 1,200円

No.56 翼賛議会型政治・地方民主主義への脅威
——地域政党と地方マニフェスト——
高寄昇三 1,200円

No.57 なぜ自治体職員にきびしい法遵守が求められるのか
加藤良重 1,200円

北海道自治研ブックレット

No.1 市民・自治体・政治
再論・人間型としての市民
松下圭一 1,200円

No.2 議会基本条例の展開
その後の栗山町議会を検証する
橋場利勝・中尾修・神原勝 1,200円

福島町の議会改革
開かれた議会づくりの集大成
——議会基本条例——
溝部幸基・石堂一志・中尾修・神原勝 1,200円

福島大学ブックレット『21世紀の市民講座』

No.1 小規模自治体の可能性を探る
保母武彦・菅野典雄・佐藤力・竹内昆俊・松野光伸 1,000円

No.2 外国人労働者と地域社会の未来
桑原靖夫・香川孝三（著）
坂本恵（編者） 900円

No.3 住民による「まちづくり」の作法
今西一男 1,000円

No.4 格差・貧困社会における市民の権利擁護
金子勝 900円

No.5 法学の考え方・学び方
イェーリングにおける「秤」と「剣」
富田哲 900円

自治体政策研究ノート

No.1 「大阪都構想」を越えて
——問われる日本の民主主義と地方自治——
大阪自治問題研究所・企画 1,200円

朝日カルチャーセンター地方自治講座ブックレット

No.1 自治体経営と政策評価
山本清 1,000円

No.2 ガバメント・ガバナンスと行政評価システム
星野芳昭 1,000円 [品切れ]

No.3 政策法務がゆく！
辻山幸宣 1,000円

No.4 政策法務は地方自治の柱づくり
北村喜宣 1,000円

政策・法務基礎シリーズ
——東京都市町村職員研修所編

No.1 これだけは知っておきたい
自治立法の基礎
600円 [品切れ]

No.2 これだけは知っておきたい
政策法務の基礎
800円

No.10 自治体職員の能力
自治体職員能力研究会 971円

No.11 パブリックアートは幸せか
山岡義典 1,166円

No.12 市民がになう自治体公務
パートタイム公務員論研究会 1,359円

No.13 行政改革を考える
山梨学院大学行政研究センター 1,166円

No.14 上流文化圏からの挑戦
山梨学院大学行政研究センター 1,166円

No.15 市民自治と直接民主制
高寄昇三 951円

No.16 議会と議員立法
上田章・五十嵐敬喜 1,600円

No.17 分権段階の自治体と政策法務
松下圭一他 1,456円

No.18 地方分権と補助金改革
高寄昇三 1,200円

No.19 分権化時代の広域行政のあり方
山梨学院大学行政研究センター 1,200円

No.20 あなたのまちの学級編成と地方分権
田嶋義介 1,200円

No.21 自治体も倒産する
加藤良重 1,000円 [品切れ]

No.22 ボランティア活動の進展と自治体の役割
山梨学院大学行政研究センター 1,200円

No.23 新版・2時間で学べる「介護保険」
加藤良重 800円

No.24 男女平等社会の実現と自治体の役割
松下圭一 900円

No.25 市民がつくる東京の環境・公害条例
市民案をつくる会 1,000円

No.26 東京都の「外形標準課税」はなぜ正当なのか
青木宗明・神田誠司 1,000円

No.27 少子高齢化社会における福祉のあり方
松下圭一 800円

No.28 財政再建団体
橋本行史 1,000円 [品切れ]

No.29 交付税の解体と再編成
高寄昇三 1,000円

No.30 町村議会の活性化
山梨学院大学行政研究センター 1,200円

No.31 地方分権と法定外税
外川伸一 800円

No.32 東京都銀行税判決と課税自主権
高寄昇三 1,000円

No.33 都市型社会と防衛論争
松下圭一 900円

No.34 中心市街地の活性化に向けて
山梨学院大学行政研究センター 1,200円

No.35 自治体企業会計導入の戦略
高寄昇三 1,100円

No.36 行政基本条例の理論と実際
神原勝・佐藤克廣・辻道雅宣 1,100円

No.37 市民文化と自治体文化戦略
松下圭一 800円

No.38 まちづくりの新たな潮流
山梨学院大学行政研究センター 1,200円

No.39 ディスカッション・三重の改革
中村征之・大森彌 1,200円

No.40 政務調査費
宮沢昭夫 1,200円 [品切れ]

No.41 市民自治の制度開発の課題
山梨学院大学行政研究センター 1,100円

No.42 《改訂版》自治体破たん・「夕張ショック」の本質
橋本行史 1,200円 [品切れ]

No.43 分権改革と政治改革～自分史として
西尾勝 1,200円

No.44 自治体人材育成の着眼点
浦野秀一・井澤壽美子・野田邦弘・西村浩・三関浩司・杉谷知也・坂口正治・田中富雄 1,200円

No.45 障害年金と人権
―代替的紛争解決制度と大学・専門集団の役割―
橋本宏子・森田明・湯浅和恵・池原毅和・青木久馬・澤静子・佐々木久美子 1,400円

地域ガバナンスシステム・パートナーシップ シリーズ
（龍谷大学地域人材・公共政策開発システム・オープン・リサーチ・センター企画・編集）

No.1 地域人材を育てる自治体研修改革
土山希美枝　900円

No.2 公共政策教育と認証評価システム―日米の現状と課題―
坂本勝 編著　1,100円

No.3 暮らしに根ざした心地よいまち
野呂昭彦・逢坂誠二・関原剛・吉本哲郎・白石克孝・堀尾正靱　1,100円

No.4 持続可能な都市自治体づくりのためのガイドブック
「オルボー憲章」「オルボー誓約」所収　白石克彦・イクレイ日本事務所編　1,100円

No.5 英国における地域戦略パートナーシップの挑戦
白石克彦編・的場信敬監訳　900円

No.6 マーケットと地域をつなぐ
白石克彦編・園田正彦著　1,000円

No.7 政府・地方自治体と市民社会の戦略的連携―英国コンパクトにみる先駆性―
的場信敬編　1,000円

No.8 財政縮小時代の人材戦略
大矢野修編著　1,400円

No.10 行政学修士教育と人材育成―米中の現状と課題―
坂本勝著　1,100円

No.11 アメリカ公共政策大学院の認証評価システムと評価基準―NASPAAのアクレディテーションの検証を通して―
早田幸政　1,200円

No.12 イギリスの資格履修制度―資格を通しての公共人材育成―
小山善彦　1,000円

No.14 炭を使った農業と地域社会の再生
井上芳恵編著　1,400円

No.15 〈つなぎ・ひきだす〉ファシリテート能力育成ハンドブック
土山希美枝・村田和代・深尾昌峰　1,200円

シリーズ「生存科学」

No.2 再生可能エネルギーで地域がかがやく―地産地消型エネルギー技術―
秋澤淳・長坂研・堀尾正靱・小林久　1,100円

No.3 小水力発電を地域の力で
（独）科学技術振興機構 社会技術研究開発センター「地域に根ざした脱温暖化環境共生社会」研究領域 地域分散電源等導入タスクフォース　1,200円

No.4 地域の生存と社会的企業―イギリスと日本との比較をとおして―
柏雅之・白石克孝・重藤さわ子　1,200円

No.5 地域の生存と農業知財
澁澤栄・福井隆・正林真之　1,000円

No.6 風の人・土の人―地域の生存とNPO―
千賀裕太郎・白石克孝・柏雅之・福井隆・飯島博・曽根原久司・関原剛　1,400円

No.7 地域からエネルギーを引き出せ！PEGASUSハンドブック（環境エネルギー設計ツール）
堀尾正靱・白石克孝・重藤さわ子・定松功・土山希美枝　1,400円

地方自治ジャーナル ブックレット

No.3 使い捨ての熱帯林
熱帯雨林保護法律家リーグ　971円

No.4 自治体職員世直し志士論
村瀬誠　971円

No.8 市民的公共性と自治
今井照　1,166円［品切れ］

No.9 ボランティアを始める前に
佐野章二　777円

「官治・集権」から
「自治・分権」へ

市民・自治体職員・研究者のための
自治・分権テキスト

《出版図書目録》
2011.9

公人の友社

112-0002　東京都文京区小石川 5 − 26 − 8
TEL　03-3811-5701
FAX　03-3811-5795
メールアドレス　info@koujinnotomo.com

●ご注文はお近くの書店へ
　小社の本は店頭にない場合でも、注文すると取り寄せてくれます。
　書店さんに「公人の友社の『○○○○』をとりよせてください」とお申し込み下さい。5日おそくとも10日以内にお手元に届きます。
●直接ご注文の場合は
　電話・FAX・メールでお申し込み下さい。（送料は実費）
　　TEL　03-3811-5701　　FAX　03-3811-5795
　　メールアドレス　info@koujinnotomo.com

（価格は、本体表示、消費税別）